戦国武将
ナンバーワン決定戦

宝島社

イラスト：「長野剛＋名古屋まつり協進会」

Contents

第一部　歴史通が選ぶ！最強の戦国武将ランキング

統率力ランキング …… 008
情報力ランキング …… 012
軍事力ランキング …… 016
人格力ランキング …… 020
統治力ランキング …… 024

戦国なんでもランキング …… 028
❶戦国最強の**猛将**は誰だ！ …… 029
❷戦国最強の**残虐**な武将は誰だ！ …… 032
❸**過小評価**されている戦国武将は誰だ！ …… 034
❹**文化系**戦国武将は誰だ！ …… 036
❺**上司**にしたい戦国武将は誰だ！ …… 038
❻**部下**にしたい戦国武将は誰だ！ …… 040
❼**女好き**戦国武将は誰だ！ …… 042
❽戦国一の狡猾な**ワル武将**は誰だ！ …… 044
❾戦国を代表する**名軍師**は誰だ！ …… 046
❿**死に様**が見事な戦国武将は誰だ！ …… 048
⓫戦国一の**築城名人**は誰だ！ …… 050
⓬**運に見放された**戦国武将は誰だ！ …… 051
⓭その存在が**怪しい**戦国武将は誰だ！ …… 052
⓮**衆道**に没頭した戦国武将は誰だ！ …… 053

本郷和人インタビュー
歴史を考えるヒント …… 054

第二部　戦国武将の夢の跡

漢たちが生命を賭して戦った合戦を徹底検証！ …… 058
❶**番狂わせ**があった合戦 …… 059
❷歴史の**ターニングポイント**になった合戦 065
❸凄絶を極めた**陰惨**な合戦 …… 074
❹天下を揺るがした**攻城戦** …… 078

名城ランキング …… 082
山城 …… 083
平山城 …… 087
平城 …… 090
水城 …… 094

女たちの戦国 …… 096
男勝りの姫 …… 097
悲運の姫 …… 099

第三部　最強の戦国武将名鑑

最強の戦国武将 **TOP50** …… 102

※本文記事中の年月日表記は旧暦を採用しています。
※人物名は混乱を避けるため編集部独自の判断で有名な名前を使用しています。
※合戦名などについても編集部独自の判断で名称を統一しています。

戦国武将 ナンバーワン決定戦

まえがき

「戦国武将ナンバーワン決定戦」の監修を依頼された。その内容は、統率力、情報力、軍事力、人格力、統治力の5つの部門に分けて歴史通といわれる人たちが戦国武将を採点するという。そして「その結果を受けて、先生なりに分析してもらえませんか？」というのが、今回の依頼だった。

　私は小学生の頃に、石坂浩二が上杉謙信を演じたドラマ「天と地と」を観て以来、歴史小説をよく読むようになり、やがて歴史好きになった。

　大学で歴史学を研究するようになると、歴史学者は普段、名もない人々が書いた古文書を読み解き、人々がどういった生活を送っているのか、何が望みで、何が不満でどういうことをしているのかを切り取っていくため、読み解く史料には、英雄や著名人などは一切登場しないのだ。

　だが今回は私の好きな戦国武将が大挙して紹介されているという。しかも、歴史好きを公言する人たちが、主観を交えて採点したものについて、思いを述べればいいのだ。歴史好きな、彼ら彼女らがどのような基準で、武将を選ぶかについては非常に興味がある。だから、今回は〝いち歴史ファン目線〟で、わくわくしながらその結果を見させてもらおう。

東京大学史料編纂所教授・本郷和人

はいかに？

国武将ランキング

部門別 戦国最強武将は誰だ！

統率力、情報力、軍事力、人格力、統治力。この5つの部門をそれぞれ4つの項目に分けて有名、無名の戦国武将を採点すると、ドラマや映画などでは分からなかった、戦国武将の真の実力が見えてきた。

リーダーシップ
統率力
有能な人材を見極め適材適所に配置し活用、家をまとめあげる力。

ガバナンス
統治力
領国の発展と安定した経営を図るため、領民に対するサービスを行なう力。

コミュニケーション
情報力
人材を確保してあらゆる情報を集め、その情報を分析活用する力。

パーソナリティ
人格力
部下や領民の心を掴み、決して裏切りに遇わず、常に尊敬の念を抱かせる力。

ストラテジー
軍事力
軍団編成、兵装、兵站《へいたん》など合戦に必要な軍備を整え、戦略と戦術を分けて考えられる力。

PART I

あなたの好きな戦国武将の評価

歴史通が選ぶ! 最強の戦

総合評価ではなく各部門ごとの順位をみる

戦国武将といっても、戦場での槍働きを得意とする武将から、作戦立案などの戦術を得意とする武将、政務・政策を得意とする武将、さらに国を治める武将（大名）まで、様々な武将がいる。それらの武将を各部門ごとに4項目に分け5点満点で採点している。

採点をするのは、常に仕事として歴史に向き合っている歴史ライターを始め歴史雑誌編集者、史跡めぐりを趣味とする歴史マニア、歴女と呼ばれる歴史ファン、さらに歴史ゲームから歴史好きになったという若きマニアたちなど、歴史通を自認する総勢34名。

統率力は、これからの時代を見る「先見性」、これからどうすべきかを決める「計画性」、そして決断したことを行動に移す「実行力」、その結果である「出世」の4項目。

情報力は、他国との繋がりを密とする「同盟外交」、貿易を通じて他国と親交する「交易」、今の世の中の動きを知る「情報収集」、敵対する相手の心の動きを読み仲間に引き入れる「調略」の4項目。

軍事力は、合戦において具体的かつ実践的な計画を立てる「戦術」、実際に合戦に参加したかどうかを問う「経験」、既存の兵器に頼るのではなく、自らが創意工夫をする「兵器の革新性」、窮地に陥ったときの「逆境力」の4項目。

人格力は、発言がぶれない「一貫性」、追い込まれたときにも強い精神力で立ち向かえる「メンタル」、育ちによる人間性をみる「家柄」、部下との信頼関係を築き軍団をまとめる「組織力」の4項目。

統治力は、今後の領国経営の指針となる「政策」、政策を行なうための「経済力」、領国を潤すための「商業振興」、食糧生産を高める、商業を発展させる「土地開発」の4項目。

総合ランキングは、第三部のお楽しみとして、第一部では、各部門ごとの4項目の合計点を集計。統率力、情報力、軍事力、人格力、統治力の個別ランキングをみていこう。

統率力ランキング

第1位は、3人の息子とともに国人衆をまとめ中国10ヶ国を支配した毛利元就が選出

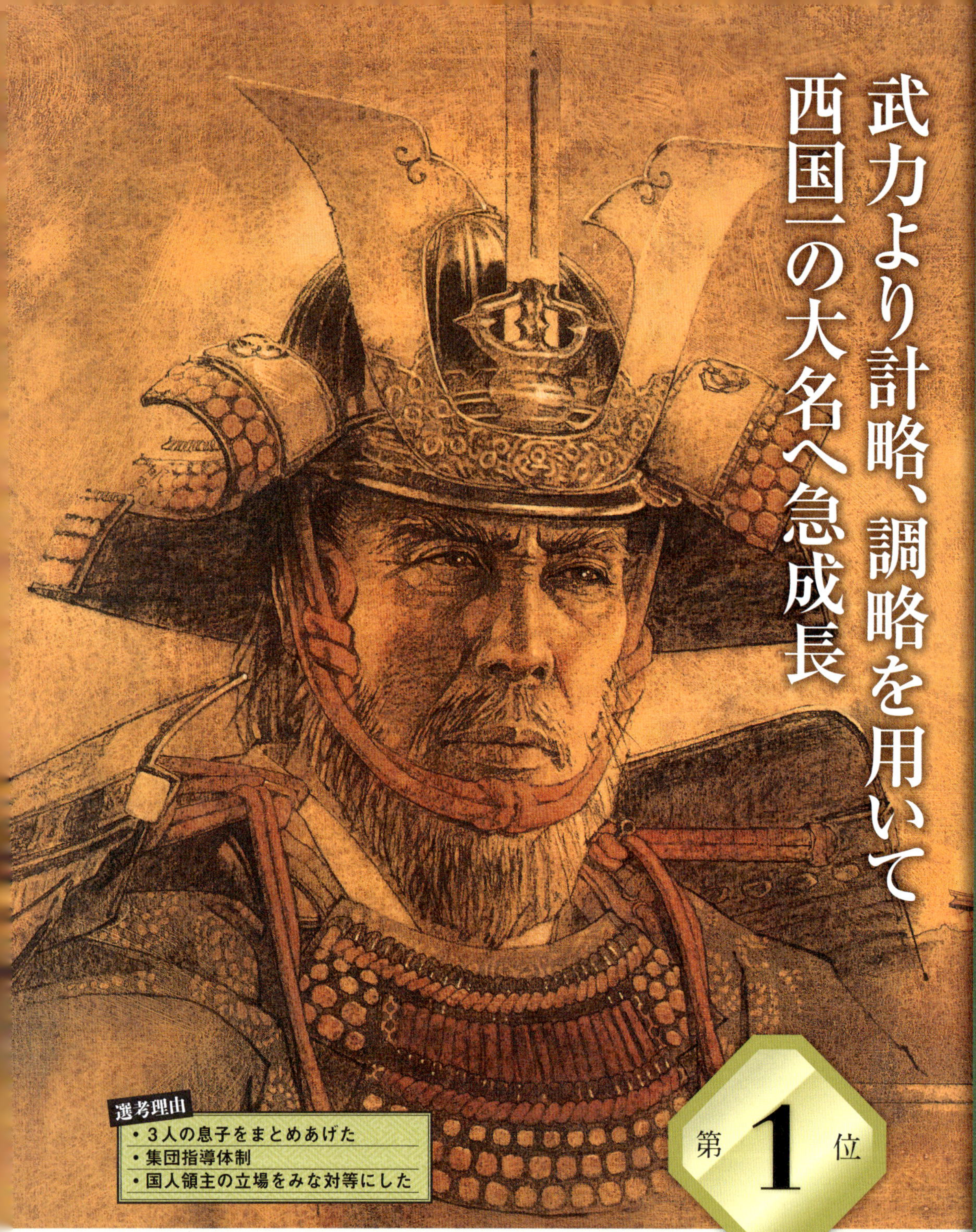

武力より計略、調略を用いて西国一の大名へ急成長

選考理由
- 3人の息子をまとめあげた
- 集団指導体制
- 国人領主の立場をみな対等にした

第1位

毛利元就

motonari MOURI

家臣が最大限の力を発揮できるよう組織する力

力がすべての戦国時代、家臣団の間で不満がくすぶっていては他家に攻め込むどころではない。家中の利害関係を絶妙に調整し、人材が最大限の力を発揮して主家のために働くシステムを構築する。それこそが戦国武将の統率力である。

本郷チェック 毛利元就は、たいして有能な部下を持っていなかった。それでも中国10ヶ国を治められたのは、部下の能力を最大限上手に使いこなせる、統率力が高かったからだろう。

❖元就時代の最大版図

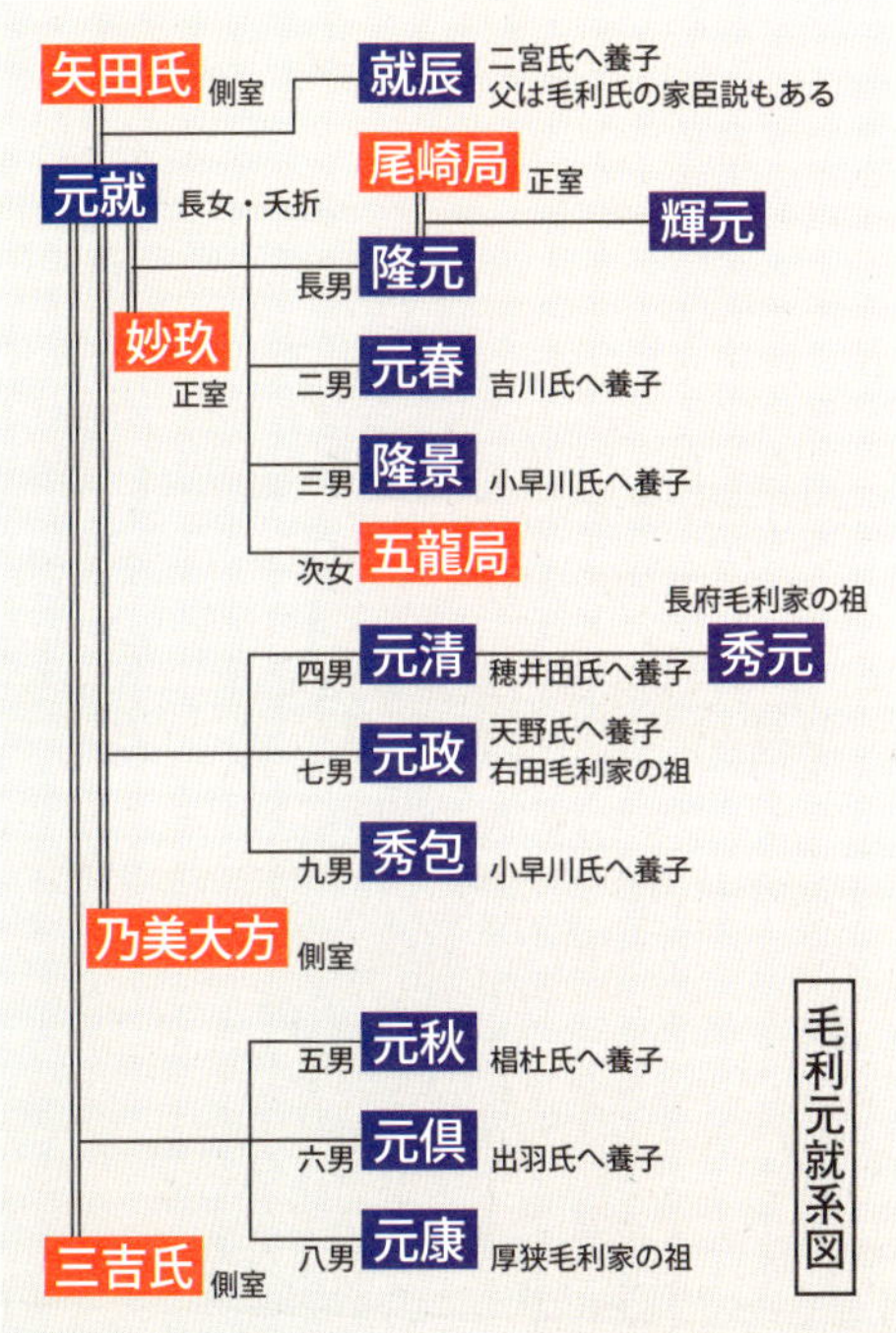

上／兄弟で協力するように説いた三本の矢の話の基になった「三子教訓状」を元就が書いたとされる、山口県周南市の勝栄寺。

左／毛利元就の居城・吉田郡山城に建てられた「百万一心碑」。築城の際に石垣工事で事故が続くと、神仏の祟りを恐れ人柱を立てることになる。しかし元就は、人柱に代えて「百万一心」と彫らせた石を埋めさせたという。これは一日一力一心と読み、「皆が力を一つにし、一つの心にまとまれば、何事でもなし得る」という意味だ。

実は一貫していた姿勢 一族の結束を重要視した

安芸《あき》の一国人《こくじん》からスタートした元就は、一代にして中国地方を制覇し九州にまで所領を広げた。その過程では裏切りなど卑怯《ひきょう》な手を厭《いと》わず、権謀術数の限りを尽くしたと思われがちだ。しかし、実はこれと決めた味方には最後まで従う律儀さを持っていた。

毛利家は北の尼子《あまご》家、西の大内家という二大勢力に挟まれていたから、あちらに付いたりこちらに付いたりして凌ぐのが常道である。だが、元就は毛利家の跡目争いに尼子家が介入してきたのを退けて大内家に従属して以後、当主が裏切りにあって討たれるまで、一貫して味方として働き続けた。戦《いくさ》の度《たび》に敵味方を変えては、安芸の国人衆も納得せず、家中も動揺する。元就はそれを防いだのだ。

一方で、家中の揉め事には断固たる姿勢で臨んだ。家臣の井上元兼《もとかね》が幅を利かせ、横暴な行動が目立つようになると、一部の例外を除いて関係者をことごとく粛清した。対外的な姿勢はぶれず、身内の揉《も》め事には厳しい処置をとる。権力基盤が脆弱《ぜいじゃく》だった元就だが、こうした統率術によって毛利家を全国有数の勢力に育てていったのだ。

第2位
合計18.9

能力主義で部下を抜擢した
織田信長

尾張を統一するまでは苦労したものの、以後は家臣団を能力主義で統制し強固な織田軍団を作りあげた。特徴としては家中の精鋭を身分に関係なく「母衣《ほろ》衆」として抜擢して競争させながら実績を積ませ、幹部候補として育成した点があげられる。家臣団からは前田利家、佐々成政《さっさなりまさ》、塙直政《ばんなおまさ》など歴史に名を残す武将が数多く輩出された。

金沢城に建てられた前田利家像。織田信長に認められ、荒くれ者から戦国大名へと出世する。

第3位
合計18.8

盾とされて育まれた忠誠心
徳川家康

家康の天下獲りを支えたとされるのが「徳川四天王」をはじめとする三河武士たちである。家康は少年時代を今川家の人質として過ごし、解放されてからは織田信長に武田家や北条家の盾としての役割を押しつけられた。その信長の死後は、秀吉に父祖伝来の地・三河を奪われて関東に転封されてしまう。苦労に苦労を重ねながらも耐え忍ぶ姿勢に家臣たちが共感していたからこそ、強固な家臣団が構築されたのだ。

画像提供：国立国会図書館
家康のもとに参集した徳川四天王を始めとする家臣団。

第5位
合計18.6

晩年に発揮した非凡な将才
黒田官兵衛

群雄割拠だった播磨《はりま》国に生まれた官兵衛は、若くして任された姫路城を羽柴秀吉に譲り、以後は参謀としてその天下獲りを陰から支え続けた。

豊臣政権では裏方であった官兵衛だが、晩年に一度だけ将としての統率力を見せつけている。秀吉の死後、徳川家康と石田三成の対立が顕在化すると、九州の官兵衛は家康から「切り取り次第（攻め取っただけ領地を与える）」の確約を得る。そして貯めていた金をばら撒いて農民や西国の浪人をかき集め、約9000の即席の軍を編成。三成の味方をする大友義統《よしむね》と戦い、見事勝利を収めている。関ヶ原の戦いの決着がついてしまっても、官兵衛は攻撃の手を緩めず西軍の諸城を次々と陥落させた。寄せ集めの軍をまとめた事実は、統率力という面でも官兵衛が非凡な才を持っていたことを窺《うかが》わせる。

官兵衛が信長に臣従した当時の播磨の勢力図

統率力ランキング

1位	毛利元就	19.2点
2位	織田信長	18.9点
3位	徳川家康	18.8点
4位	斎藤道三	18.7点
5位	黒田官兵衛	18.6点
6位	北条早雲	18.5点
7位	豊臣秀吉	18.4点
8位	三好長慶	17.8点
9位	宇喜多直家	17.7点
10位	武田信玄	17.6点

先進的な政策で領内をまとめた

第4位 合計18.7

斎藤道三

画像提供：東京大学史料編纂所所蔵模写

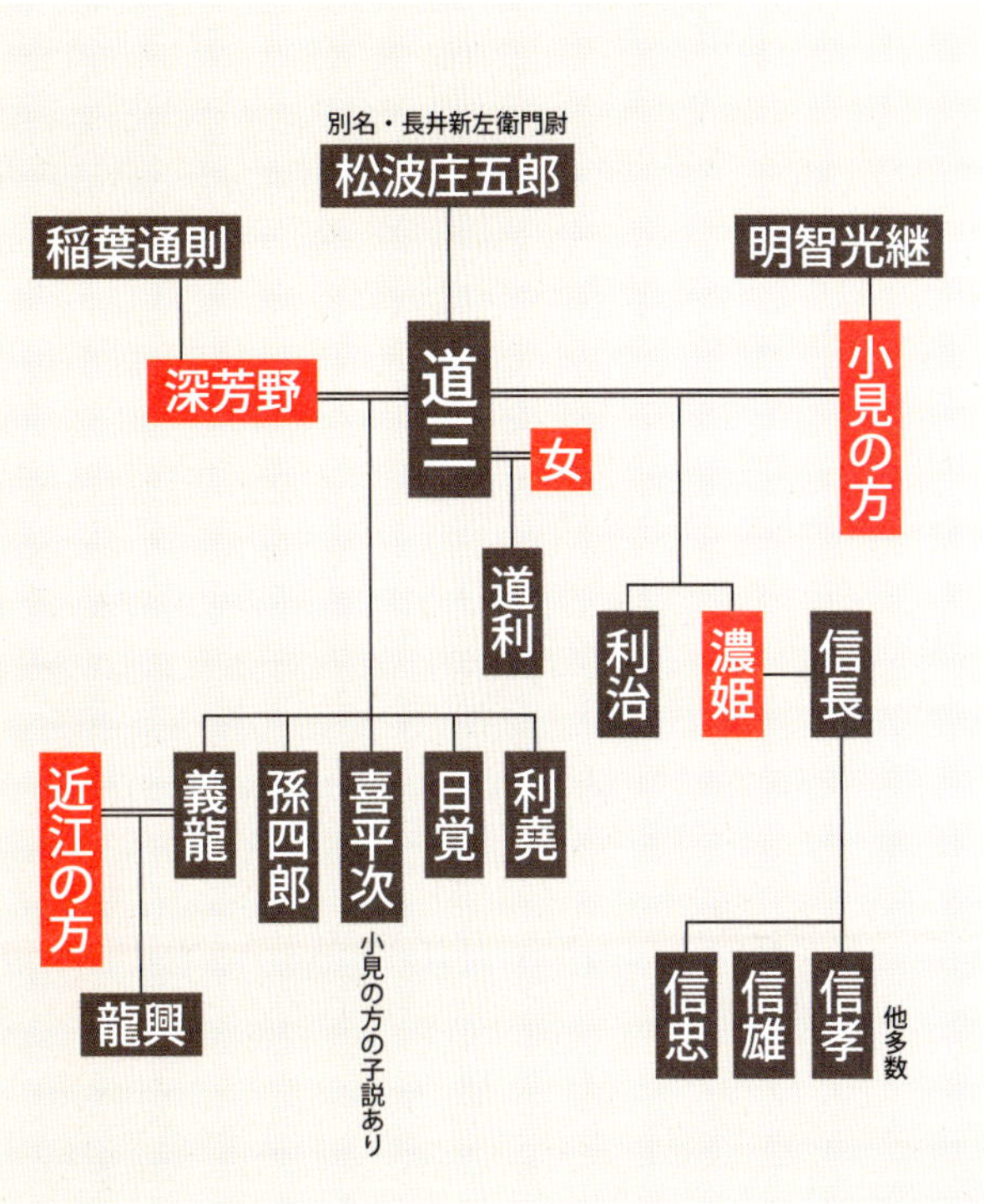

信長より先に楽市楽座を実施する先見の明あり

下剋上《げこくじょう》の象徴的存在といえる道三《どうさん》。父と共に一介の油売りから始まり、美《み》濃《の》土岐《とき》家の重臣・長井長弘に仕え、土岐家のお家騒動を操縦し頼芸《よりのり》を守護に立てる。やがて長弘や頼芸をも排除すると、美濃一国を統一して大名となる。

権謀術数《けんぼうじゅっすう》の限りを尽くした奸雄《かんゆう》との印象が強いが、ただ卑怯《ひきょう》なだけでは人は付いてこない。「美濃三人衆」をはじめとする国人衆を味方につけることができたのは、ひとえに道三の統率力の賜物《たまもの》だろう。その背景には彼の先見の明がある。

楽市楽座政策をいち早く取り入れて商業を活性化させ、戦いに備えて稲葉山城を難攻不落の城に改築するなど、国人衆を牽引《けんいん》するだけの将才があった。ただ晩年には陰りが見え、息子や国人衆に見限られてしまった。

岐阜城天守。斎藤道三が入城した当時は稲葉山城と呼ばれた。

清洲城趾の信長と濃姫の像。敵対した信長と和睦が成立し、娘の濃姫を信長に嫁がせた。

本郷チェック
戦国武将にとって統率力とは？

武田信玄のように、有能な人材を心服させたりするのも統率力。才知あふれる武田二十四将などと呼ばれる有力な武将を従えまとめあげている。毛利元就は有能な人材を抜擢するような人事を行なっていないが、大きな事業をやり遂げた。不満を持ち反抗的な武将を誅殺《ちゅうさつ》しても、それが謀反《むほん》に繋がっていない。こういった、無能な武将を率いて大事をなすのも、また統率力だね。

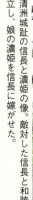

情報力ランキング

第1位には、巧みな話術で人の心を摑み情報収集に励んだ秀吉が選ばれた

情報の力で主君の仇を討つ 茶の湯も諜報の道具だった？

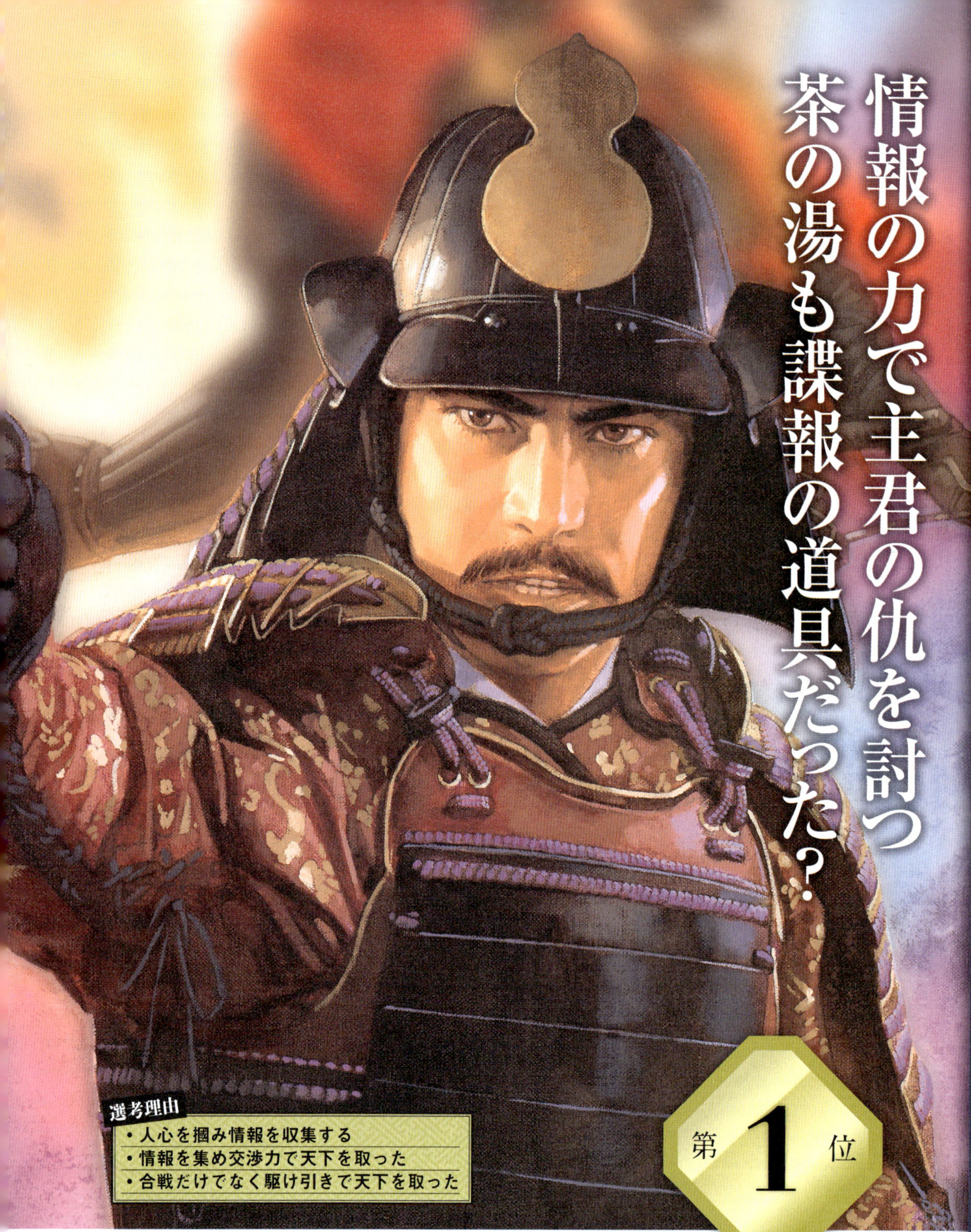

選考理由
- 人心を摑み情報を収集する
- 情報を集め交渉力で天下を取った
- 合戦だけでなく駆け引きで天下を取った

第1位

豊臣秀吉

hideyoshi TOYOTOMI

決断の材料となる正確な情報を集め、活かす力

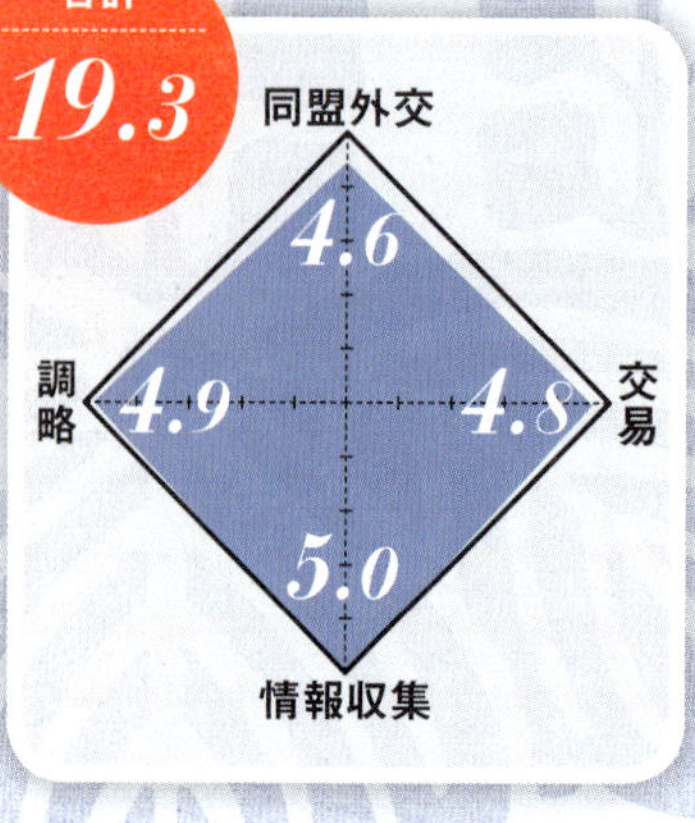

「敵を知り、己を知れば百戦危うからず」とは古代中国の兵法家・孫子の言葉だが、まさに正確な情報がないことには、正しい判断を下すこともできない。メールも電話もない時代、正しい情報をいち早く摑《つか》むことが、何よりも重要とされた。

本郷チェック

千利休などの情報網を使い"情報"を集めるのは誰にでもできるが、秀吉は集めた情報を瞬時に見極める力、そして行動に移すための判断力と実行力が優れていたようだ。

画像提供：国立国会図書館

上／信長の後継者を決める清洲会議に、信長の嫡孫・三法師を抱きかかえて現れた秀吉。清洲会議でも秀吉の情報収集能力が遺憾なく発揮され、織田信孝を推す柴田勝家と命運を分けた。
右／薩摩川内《せんだい》の「秀吉・義久和睦の像」。秀吉は九州攻めに際して島津義久の家老・伊集院忠棟に細川幽斎を通じて接近。和睦の交渉を進め、忠棟が義久らを説得し降伏している。秀吉は九州攻めを前に、大坂城で頻繁に茶会を開いており、作戦会議は茶室で行なわれていたという。
下／大阪府堺市の南宗寺に復元された千利休好みの茶室・実相庵。秀吉からの命を受け、利休は茶会を利用して情報収集を行なっていた。
右下／京都市上京区の秀吉の城・聚楽第跡。付近には千利休の屋敷もあり秀吉が茶の湯に使用した名水「梅雨の井」も残っている。

大返しで発揮した情報力 茶の湯もその道具だった

秀吉の人生における最大の転機といえば「本能寺の変」後のいわゆる「中国大返し」である。秀吉は、毛利攻めの陣中において信長が討たれたことを知るや否や、すぐさま畿内に取って返している。この大胆な決断ができた背景には高い情報力があった。6月2日に起きた事件の情報の概要を掴み、真偽を判断するまでに要した時間はわずかに2日。正確な諜報網を整備していなければできない芸当だ。

天下統一後の秀吉は、茶の湯も情報収集に活用したと思われる。彼は茶頭《さどう》の千利休に茶道具の目利きをさせ、法外な値に吊り上がったそれを諸大名に買わせた。こうして茶道具に領土と同等の価値を与え、政治戦略に利用したのは有名な話だが、もうひとつ狙いがあったとは考えられないだろうか。

茶の湯を楽しむ茶室は密室である。多くの有力大名を弟子に持つ利休は第一級の情報を仕入れることができた。秀吉の弟・秀長が、九州の大名である大友宗麟《そうりん》に「公儀のことは私に、内々のことは利休に」と語っているように、利休は茶人以上に内務大臣のような役割を持ち、秀吉を支えていたのだ。

第2位 合計19.1

生涯の節目で情報力を発揮

織田信長

桶狭間《おけはざま》の戦いにおいて、今川義元の本陣への奇襲を成功させたのが大きいだろう。諸説あるものの、義元の本陣が手薄であることや、戦勝に沸き立ち油断している情報を収集した諜報力は特筆に値する。また、上洛後の朝倉攻めのとき、義弟・浅井長政の裏切りによって挟撃される危機に陥ったが、情報をつかんで死地を脱している。

岐阜城天守を頂に構える金華山の麓、岐阜公園入り口に建てられた弓を引く織田信長像。

第3位 合計18.9

時流を読む力は天下一品

黒田官兵衛

豊臣秀吉を支えて各地を転戦するなかで、官兵衛は何度も敵城に開城の使者として赴《おもむ》いている。敵中に単独で乗り込むのだから、常に命の危険が付きまとう。しかしそこは官兵衛、行き当たりばったりで危険な役目を買って出ていたわけではないはずだ。

敵城の誰を窓口として交渉すればよいか、ひと押しすれば降伏しそうな情勢なのか、素直に開城に応じる性格なのか、たくさんの正確な情報を集めなければ、できない芸当である（荒木村重のもとに赴いた際は失敗したが）。

後年、秀吉が官兵衛を恐れたのも、政権内外の事情を「知り過ぎた」側面があったのかもしれない。

政権中枢から引退した後も、官兵衛の情報網は健在だった。秀吉が死去すると、すぐさま毛利家のキーマン・吉《きっ》川《かわ》広家に「近いうちに天下の覇権をめぐって大乱が起きると思った方がよい」と通報している。そして自身は家康に急接近し、息子・長政を中央に派遣している。情勢を把握する力だけではなく、誰が生き残るかについての見立ても正確だったのは、さすが官兵衛といえる。

岐阜県関ケ原町の吉川広家陣跡。広家は黒田官兵衛とも通じていた。

情報力ランキング

1位	豊臣秀吉	19.3点
2位	織田信長	19.1点
3位	黒田官兵衛	18.9点
3位	徳川家康	18.9点
5位	武田信玄	18.7点
5位	毛利元就	18.7点
7位	伊達政宗	18.2点
8位	真田昌幸	17.9点
9位	斎藤道三	17.8点
10位	三好長慶	17.4点

第3位 合計18.9

ふたつの忍者集団を味方とした

徳川家康

現在の皇居西側に「半蔵門」という門があるが、これが家康に仕えた忍者集団・伊賀衆組頭の服部半蔵に由来することは有名である。

彼ら伊賀者と、双璧を成す忍者集団・甲賀者は対立していたと思われがちだが、家康は双方から大量に配下として召し抱えており、豊臣政権下で合計3000もの忍者を雇っていたという。彼らからもたらされる情報をもとに、家康は諸大名の調略を行なったり、戦略を立案したと考えられよう。

「徳川英勇揃」に、一癖ありそうな人相で描かれている服部半蔵（中央）。

画像提供：国立国会図書館

画像提供：国立国会図書館（2点とも）

“三ツ者”を諸国に放ち情報収集

第5位 合計18.7

武田信玄

長篠の戦いで、殿軍《でんぐん》を務めていた馬場信春は主君・武田勝頼を逃がすと織田軍へと突入し名誉ある戦死を遂げた。

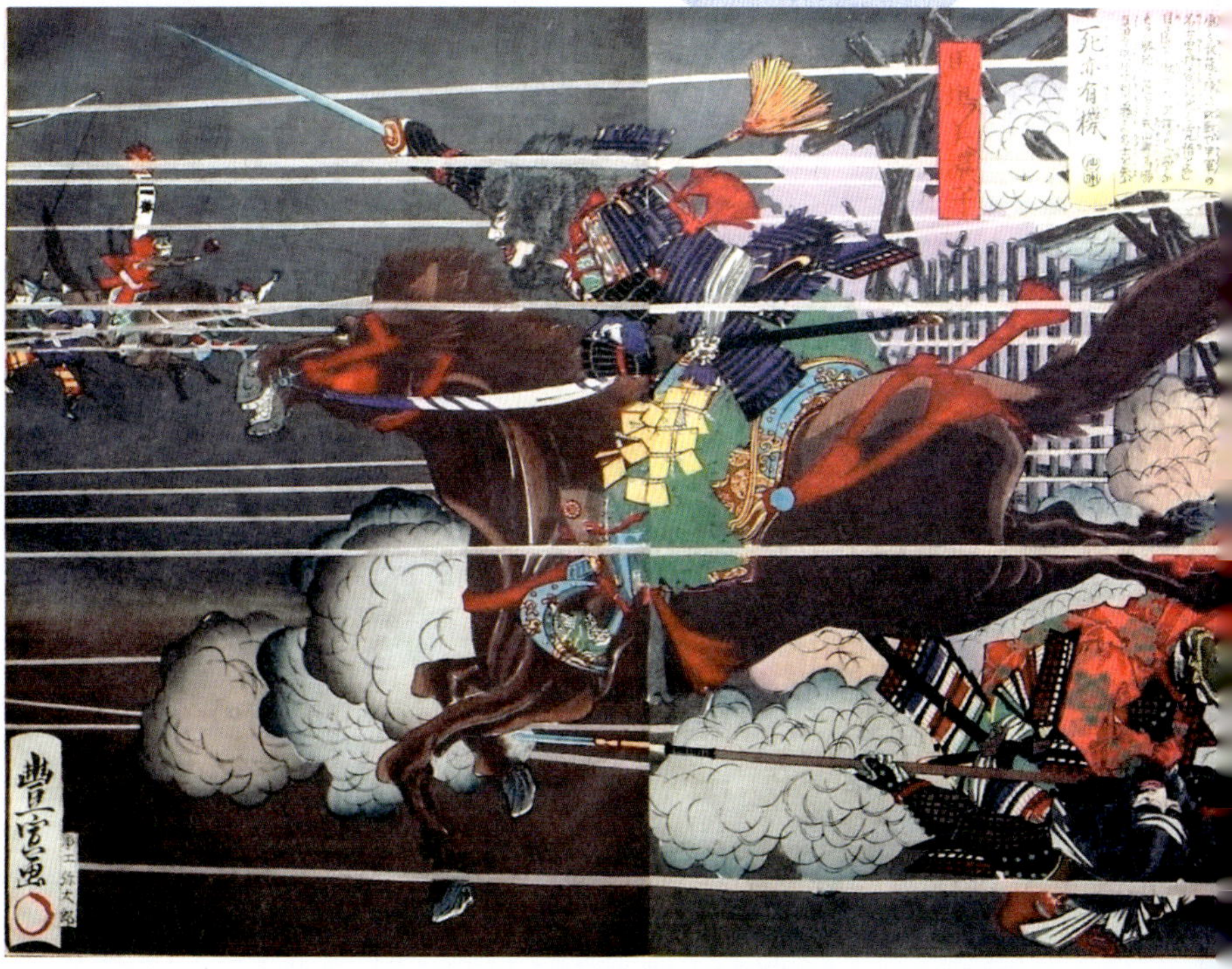

諸国に諜報網を広げたついたあだ名は足長坊主

信玄ほど情報収集に力を注いでいた戦国大名はいないだろう。周囲を山に囲まれ、情報が入りにくい甲斐《かい》を支配していたからこそ、弱点を補おうとしたのだ。信玄は「三《み》ツ者《もの》」という隠密集団を組織し、全国に派遣していたといわれる。

彼らは僧侶や商人に御師《おし》など諸国を巡っても怪しまれない職業に扮して各地に散った。そして他国の情勢から兵力、城の造りなどの機密情報を盗み出し、信玄のもとに届けた。

こうして他国の内情に通じた信玄は「足長坊主」とあだ名されたという。

武田家の忍者の頭目としては出浦盛清《いでうらもりきよ》や横谷《よこや》左近が知られているが、意外なところでは「武田二十四将」のなかでも精鋭である「武田四天王」のひとり、馬場信春も忍者と関わりが深かったとされている。猛将で知られた信春だが、足軽に扮して諏訪《すわ》に潜入し敵情を探ったり、信玄が恐れた加藤段蔵《だんぞう》という忍者を始末したりといったエピソードが残っているのだ。

忍者の頭目が歴史に名を残すことは珍しいが、武田家に限っては確かな史料のなかに何人も確認できる。信玄が多くの忍者を抱え、巨大な諜報機関を構築していたことの証左であろう。

「三ツ者」と呼ばれる武田忍びが修行を行なったとされる群馬県東吾妻町・岩櫃（いわびつ）山。修験道のメッカでもある。

本郷チェック　戦国武将にとって情報力とは？

情報を集めることは当時の武将は皆行なっていたと思うよ。ただ、集まった情報を、どう活かすかで武将のその後に差が出る。ふたつの相反する情報が届いたとき、集めた情報の中から必要な情報を選び、どちらがより正しいかを早く見極める力が必要になる。そこで躊《ちゅう》躇《ちょ》し様子見に走ってしまうと出遅れてしまう。判断力が非常に大切になってくる。情報を活かすも殺すも武将の力量次第だね。

軍事力ランキング

第1位には、戦国の戦い方を変えたといわれる織田信長が順当に選ばれている

常に「負けない戦」を遂行 軍事技術にも革新性を発揮

選考理由
- 武田氏を滅ぼした
- 最新兵器を次々に導入した
- 信長以降、合戦の仕方が変わった

第1位

織田信長

nobunaga ODA

あらゆる手段を用いて 戦場で敵を打ち破る力

世は戦国時代、恫喝《どうかつ》や懐柔《かいじゅう》でも決着がつかなければ、やはり最後は合戦である。刻一刻と様相が変わる戦場。ここでの駆け引きに求められる用兵の妙はもちろんのこと、武将たちは新兵器として登場した鉄砲とどう向き合うかも問われた。

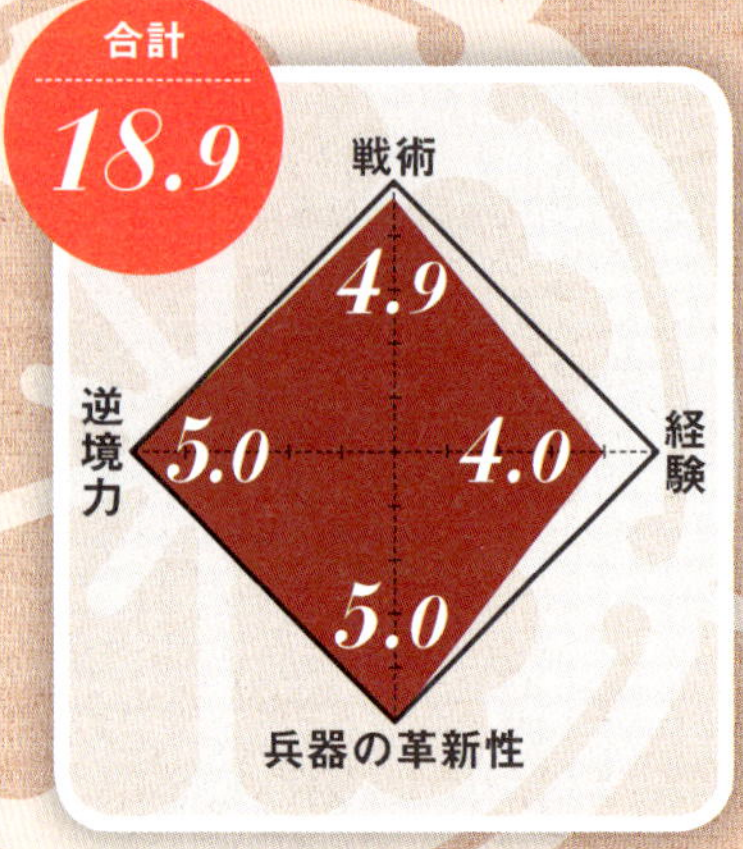

本郷チェック 一言で言うと、信長は戦争がうまい。桶狭間で博打を打って以降、そんな危ない橋は渡らず、勝てる確率を追い求めている。勝てるときにしか戦わない、手堅い戦い方が特徴だ。

❖織田信長の主な合戦

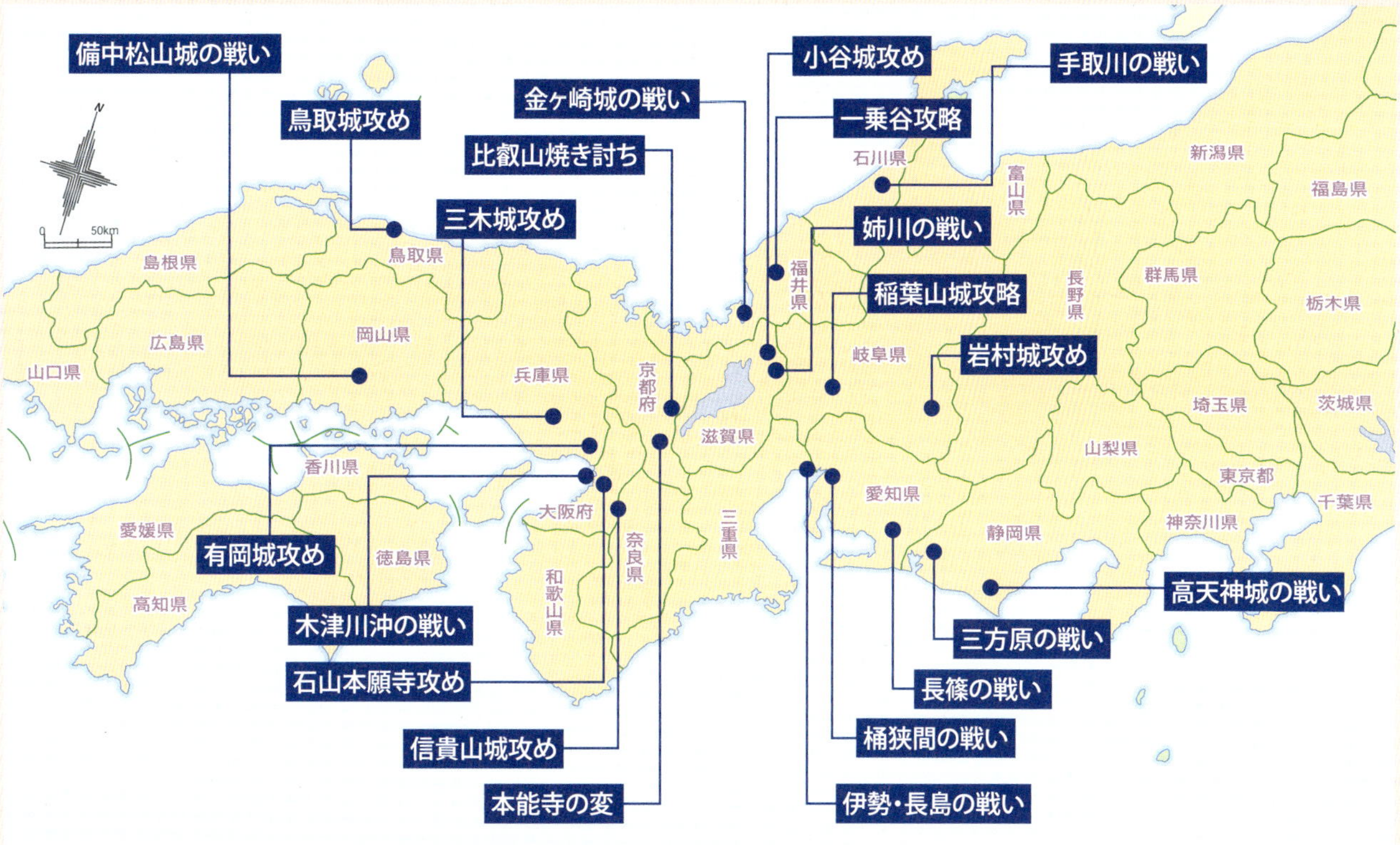

左／愛知県新城市長篠に復元された馬防柵。戦国最強と謳われた武田騎馬軍団に対し、織田信長は長大な馬防柵を築いて馬の動きを封じ、さらに大量の鉄砲を用意して狙い撃ちした。下／愛知県小牧市の小牧山城。永禄６年（1563）に織田信長が築城し、岐阜城に移るまでの４年間居城とした城だ。小牧山城には土塁しかなかったと長く思われていたが、近年の発掘調査で三重の石垣が発見されている。

織田信長の家臣団（上洛戦後）

織田信長

- 柴田勝家（北陸方面軍団長）
- 佐久間信盛（対本願寺戦指揮官）
- 丹羽長秀（四国方面軍団長）
- 塙直政（尾張・大野木城主）
- 前波吉継（越前守護代）
- 明智光秀（丹波方面軍団長）
- 荒木村重（摂津・有岡城主）
- 森可成（美濃・金山城主）
- 滝川一益（関東方面軍団長）
- 羽柴秀吉（中国方面軍団長）

意外にも慎重派の信長 軍事技術の革新者だった

桶狭間の戦いにおいて寡兵《かへい》で大軍を打ち破ったことから、戦上手との印象がある信長。しかし、この戦い以降は必ず相手を上回る兵力を揃えて万全の態勢を作っている。意外性こそないものの、大兵力を揃えて負けない戦争をするのは軍事の常道である。

天下統一事業が大規模化すると、優秀な重臣に数ヶ国を任せる軍団制を敷き、効率的な軍事行動を可能とした。

さらに特筆すべきはその革新性である。若かりし頃の信長は、竹槍《たけやり》同士の訓練を見て「もっと長くしろ」と指摘し槍の長さを変えさせている。当時の兵士のほとんどは農民を動員した。なるべく敵と近づかずに叩きおろすことができる長槍は、この時代の武器として非常に理に適《かな》っている。

また、尾張時代から鉄砲の優位性に着目し、長篠《ながしの》の戦いで知られているように常に大量の鉄砲を配備させ遠距離戦を有利に戦っている。造船の分野でも、毛利家との海戦に苦しめられると「燃えない巨大戦船を造れ」と海賊武将の九鬼嘉隆に命じて鉄甲船を造らせ実用化、第二次木津川口の戦いでリベンジに成功した。

第2位
合計 18.3

比類なき武勇で島津家に貢献

島津義弘

義弘は21歳で初陣を踏んで以来、66歳のときの関ヶ原の戦いまで実に52回の合戦を経験し、そのほとんどで勝利を収めている。

まさに合戦漬けの生涯であった。舞台も九州から畿内、果ては海の向こうの朝鮮まで幅広い。何度も圧倒的な戦力差を覆しており、義弘の用兵術が当代随一だったことを示している。

豊前の大友宗麟を打ち破った耳川の戦いでの戦死者を供養する「宗麟原供養塔」。

第4位
合計 18.1

得意技は攻城戦と電撃戦

黒田官兵衛

豊臣秀吉の覇業に多大な貢献をした官兵衛だが、特に攻城戦において数多くの献策をしていたようだ。鳥取城攻めや備中高松城水攻め、小田原征伐などで的確な策を授けたり、自ら開城の使者を買って出るなどしている。

また、特筆すべきは本能寺の変後に秀吉の電撃戦のお膳立てをしたことだ。通常では考えられない行軍速度で畿内に帰還し、明智光秀を打ち破った。その戦術眼の素晴らしさ故に秀吉に警戒されてしまったのは皮肉である。

黒田官兵衛が水攻めを献策した、岡山市北区の「備中高松城跡」。

第4位
合計 18.1

物量戦が得意で機動力も高い

豊臣秀吉

秀吉の軍事行動の特徴はその機動力の高さにある。1日あたり約40キロを走破して明智光秀を破った山崎の戦い然り、北条家との戦いに際して、敵城の眼前に一夜にして城を築いた小田原征伐然り。何度もそのスピードで敵の作戦計画を上回り、意表を突くことに成功している。さらに、天下統一が近づくに従って、物量にものをいわせて敵を呑み込む戦略も加わる。

これらを可能にしたのが、秀吉の高い蓄財能力。日ごろから貯めておいた財産を有事と見るや一気に放出し、中国大返しや四国攻めの際には、兵それぞれに銭を配って装備・兵糧《ひょうろう》を素早く整えさせている。

「賤ヶ嶽大合戦の図」。法螺貝を吹く羽柴秀吉の周りには、加藤清正、福島正則、片桐且元など後に「賤ヶ岳の七本槍」と呼ばれ功名をあげた男たちが付き従っていた。

軍事力ランキング

1位	織田信長	18.9 点
2位	島津義弘	18.3 点
3位	真田昌幸	18.2 点
4位	黒田官兵衛	18.1 点
4位	豊臣秀吉	18.1 点
6位	毛利元就	17.6 点
7位	立花宗茂	17.4 点
8位	片倉景綱	17.3 点
9位	竹中半兵衛	17.2 点
10位	加藤清正	17.1 点

真田昌幸が築城した長野県上田市の上田城。写真は東虎口櫓門。

画像提供：国立国会図書館

江戸時代後期に描かれた真田昌幸。

第3位 合計18.2

楠木正成も顔負けの神算鬼謀

真田昌幸

画像提供：長野市立博物館

武田信玄に仕えた有力武将を描いた「武田二十四将図」に真田昌幸（武藤喜兵衛）と、長篠の戦いで命を落とした昌幸のふたりの兄の名前も見える。

❖信濃真田家系図

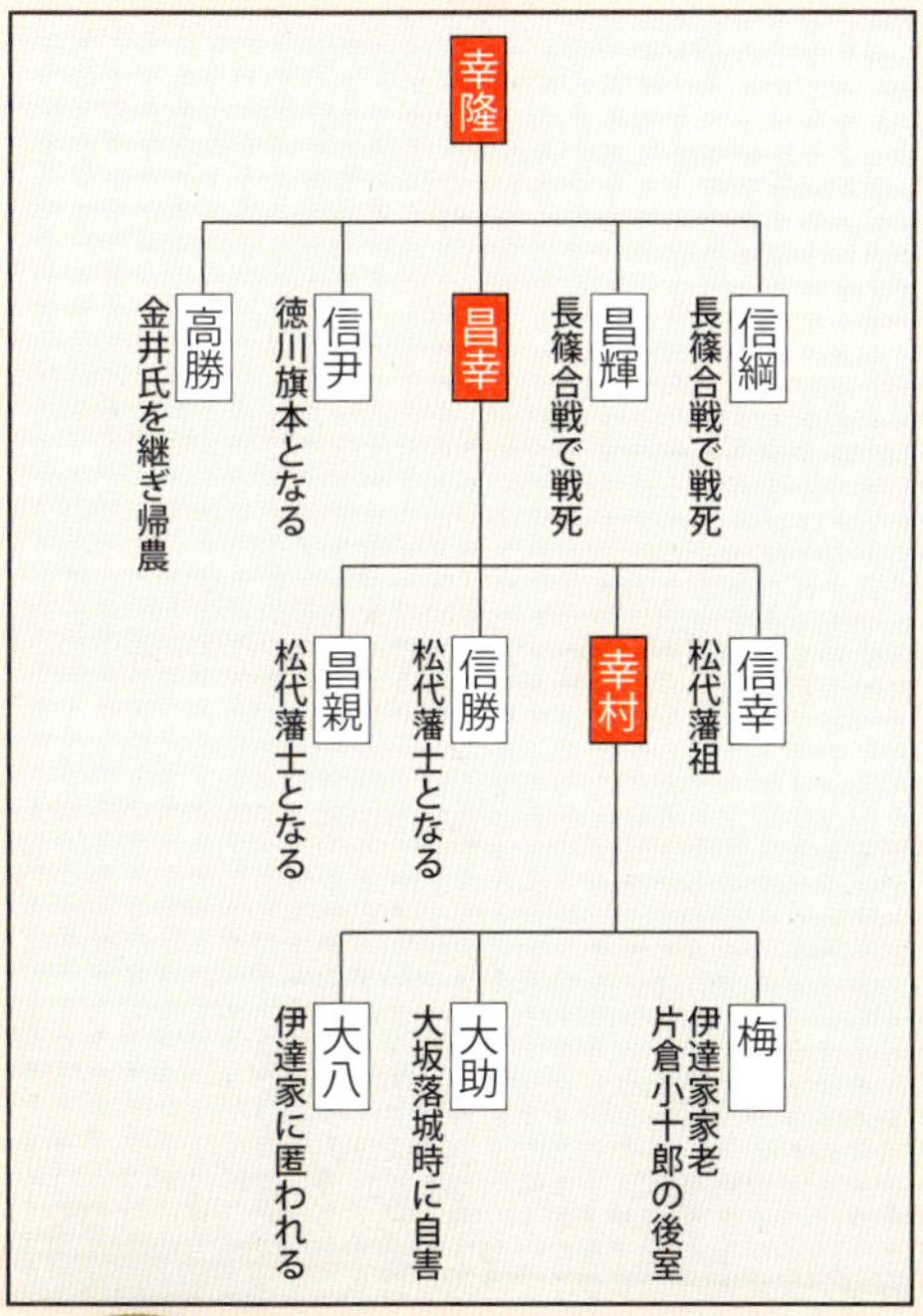

家康も恐怖した知恵者 2度にわたり徳川を撃退

昌幸は父の代から武田家に臣従しており、自身も信玄から薫陶《くんとう》を受ける。主家の滅亡を機に独立すると、信濃の地で巧みに立ち回り所領を守った。

この昌幸に2度にわたって煮え湯を飲まされたのが徳川家康である。天正13年（1585）、7000の兵を昌幸の上田城に差し向けたが、城内に誘い込まれたところを挟撃され、さんざんに打ち破られてしまった。

関ヶ原の戦いの際には、徳川秀忠率いる徳川軍の本隊3万8000の大軍の進路に上田城があった。

昌幸は降参すると見せかけて時間を稼ぎ、しびれを切らした秀忠が総攻撃を開始すると、またも城内の袋小路に誘導し、ゲリラ戦で翻弄した。結局秀忠軍は6日間も上田城に足止めされてしまった。こうした昌幸の戦術は、南北朝時代に南朝側に付いて戦った楠木《くすのき》正成《まさしげ》を参考にしたといわれている。彼もまた寡兵で大軍に対抗するために、城に工夫をこらしゲリラ戦を駆使して戦った。徳川家を2度にわたって苦しめた昌幸だったが、肝心の関ヶ原の戦いでは西軍が敗れ、次男の幸村とともに九度山《くどやま》に流され、その地で生涯を終えた。

14年後、大坂城を舞台に戦国時代最後の決戦が幕を開けようかというとき、「真田が豊臣方に加わった」と聞いた家康は仰天し、「父か？　子か？」と配下に詰め寄ったといわれている。

本郷チェック 戦国武将にとって軍事力とは？

軍事力は石高が多いほど強大なため、石高に差のある徳川家康と真田昌幸は同じ戦い方はできない。ただ、昌幸は工夫の仕方がうまかった。少ない手勢で大軍に挑む、戦術レベルで優秀だった。また、加藤清正も脇坂安治も賤ヶ岳の七本槍として活躍した勇者だが、安治は5万〜6万石で止まるのに対して、清正は50万石近くの大名になる。これは違う才能。軍事力は評価の仕方がむずかしい。

人格力ランキング

第1位に輝いたのは、関ヶ原の戦いでの敵中突破で名を挙げた島津義弘だった

わずか数百の兵で敵陣に突撃 兵は躊躇することなく従った

選考理由
- 家臣の信頼を得ていた
- 多くの家臣が命がけで守ってくれた
- 殉死した家臣が多かった

第1位

島津義弘

yoshihiro SHIMADU

家臣団をひとつにまとめ繋ぎ止めるカリスマ性

日本の歴史上、戦国時代ほど指導者の人格力が求められた世もないであろう。誰が裏切るか分からず、主家がいつ滅びるかも分からない。それでも「ついていきたい」と思わせるカリスマ性、それこそが戦国武将に求められる人格力だ。

本郷チェック 人格力でなんで島津義弘なんだろう。やはり関ヶ原かな？あれほど無謀な突撃をやってみんなが死んで、でも義弘を薩摩へ帰すんだと一致団結したところが評価されたのかな？

合計 19.0

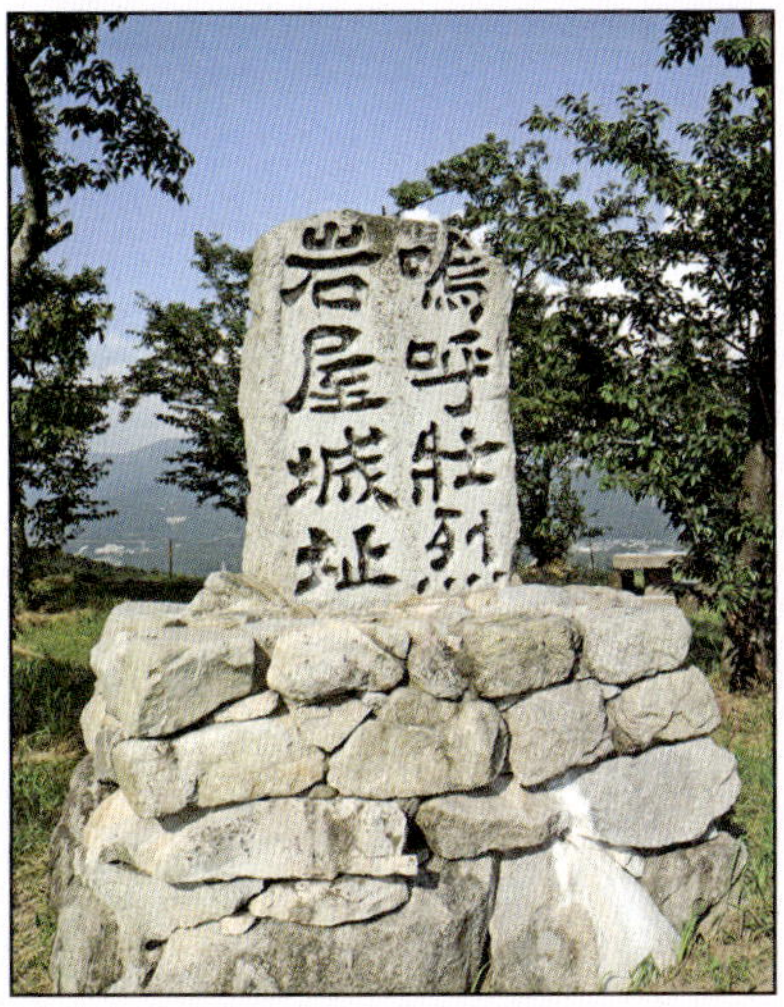

上／島津四兄弟が生まれた、鹿児島県日置市にある伊作（いざく）城跡。

左／立花宗茂の父・高橋紹運が島津軍に攻められ、壮絶な最期を遂げた福岡県太宰府市の岩屋城跡。それから14年後、関ヶ原で大打撃を受け僅かな手勢で落ち延びる父の仇の島津義弘を、宗茂は大坂から護衛して国元へ戻った。

下／大隅・加治木において享年85で亡くなった義弘を慕う家臣13名が殉死した。その家臣たちを供養する地蔵塔が鹿児島県日置市の徳重神社内に残されている。

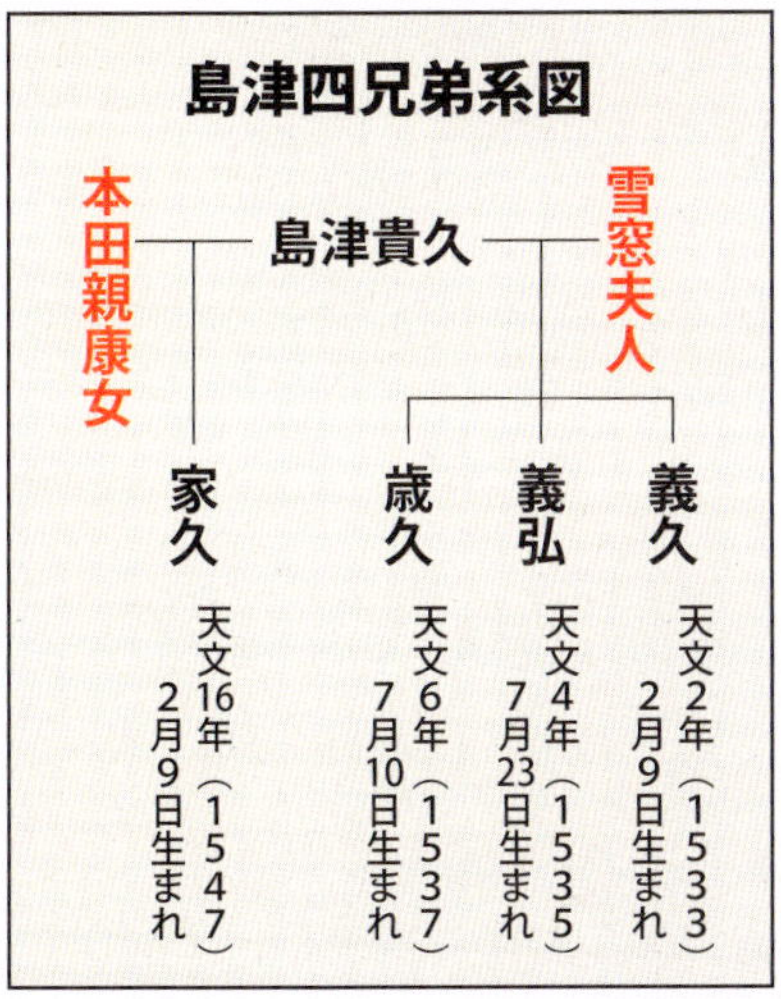

戦国一の武勇と胆力で 家中で絶大な信頼を得る

義弘は島津四兄弟の次男として生まれ、兄の義久を支えて各地を転戦した。大友家との耳川の戦いや、豊臣家との戸次《へつぎ》川の戦いに加え、朝鮮征伐では海を越えて戦い続けた。

島津家の当主は義久だったが、実直で義理堅い義弘のほうが家中では信望を集めていたという。そのことが窺い知れるのが、義弘の生涯でも最大の危機、関ヶ原の戦いでの戦いぶりだ。

成り行きで西軍に加わった義弘は、本戦でも傍観を決め込んでいたが、小早川秀秋の裏切りで戦線は崩壊、西軍諸将は続々と敗走を始めた。義弘が下した決断は、撤退でも降伏でもなく「敵中突破」。並み居る東軍の真っ只中に突っ込んで、徳川家康本陣の鼻先をかすめて伊勢路に入ろうというのだ。

この無謀極まりない撤退戦においても、配下の兵たちは義弘ひとりを逃がすために自らすすんで盾となった。「我こそは惟新《いしん》入道！」と名乗って犠牲になった重臣や一門もいた。日ごろから義弘のために命を捨てる準備ができていたことの証明であろう。

彼らの犠牲のおかげで義弘は敵中突破に成功し、薩摩に帰還したのである。

第2位
合計 17.6

武田信玄

重臣たちからの信頼が仇に

信玄は家督を継いだ際、重臣たちの同意を得て父・信虎を追放したという経緯がある。それ以来信玄は、優秀な重臣たちの意見を重んじて所領を拡大する。この方針の弊害は、跡継ぎである勝頼の代になって顕在化した。信玄に親しんだ重臣たちが、なかなか勝頼に従わないのである。信玄の高い人格力が裏目に出てしまったといえる。

第3位
合計 17.5

小早川隆景

仁義を重んじた毛利家の大黒柱

小早川隆景が攻め落とした、愛媛県松山市の湯築（ゆづき）城。

隆景は戦国時代一の謀将・毛利元就の3男として生まれたが、幼いころに養子縁組で小早川家に入った。当主となると、吉川家に養子に入った兄・元春とともに父を支えた。

元就の死後は、兄・隆元の遺児である輝元を盛り立てて織田家の中国攻めに対峙することになる。情勢を冷静に分析する能力を持っていた隆景は、毛利家の勝ち目は薄いと読んで、外交僧の安《あん》国《こく》寺《じ》恵《え》瓊《けい》を羽柴秀吉のもとに派遣して、秘密裏に和平交渉を行なう。

本能寺の変で織田信長が横死したのは、ちょうどこのころである。秀吉はすぐに隆景との講和をまとめると、すぐに畿内に取って返した。遅れて変事を知った毛利家では、元春が「今すぐ追撃すれば勝てる」と主張する。

それに待ったをかけたのが隆景だった。「いったん起請文《きしょうもん》まで交わして和睦したのに、敵の災いに乗じて約束を破る事は、大将たる者の恥である」と。

このように隆景は、重大な決断の前に慎重になれる人物であり、また決断の根本には仁義を重んじる姿勢があった。

秀吉との信義を守ったことにより、毛利家は豊臣政権において所領を安堵《あんど》され、特に隆景は重用された。しかし、当時の毛利家は元春も病死し、実質的に隆景が指導者。秀吉には彼を厚遇することによって、毛利家を分断する意図もあったと思われる。

だが隆景は、父・元就の死の間際に「争いは欲より起こるもの。欲をやめて義を守るならば、兄弟の不和は起きませぬ」と決然と話した逸話が残るように、あくまでも主家のことを第一に考え、豊臣政権には必要以上に深入りしなかった。その隆景が病死したとき、黒田官兵衛は「これで日本に賢人はいなくなった」と嘆いたという。

小早川隆景の居城・三原城の縄張り図。画面中央の石垣で囲まれた部分が本丸で、現在はJRの三原駅が造られ、海の多くは埋め立てられてしまっている。

第3位
合計 17.5

義の心の正当なる継承者

上杉景勝

景勝は謙信の実の子ではない。叔父にあたる謙信が子を成さなかったため、養子に入ったのだ。謙信の死後は跡目争いが起こるが、家臣たちの多くは「軍神」の後継者として景勝を選んだ。

実の父ではなくとも、景勝は謙信の義理堅さ、実直さをしっかりと受け継いでいた。豊臣秀吉にも気に入られ、五大老のひとりに任じられる。恩義を感じた景勝は、その死後に専横を極める徳川家康に激怒。家康の度重なる上洛命令にも応じず拒否し続けたことにより、関ヶ原の戦いの契機を作ることになる。

本戦には参加せず、奥州で伊達政宗や最上義光《もがみよしあき》と戦うが、関ヶ原では石田三成が敗北。いよいよ四面楚歌となるが、景勝はあくまでも徹底抗戦の姿勢を貫き、3ヶ月も粘って降伏しなかった。その強気の姿勢に家康も根負けして、乱の首謀者であるにもかかわらず改易は免れて米沢30万石に減封されたのだった。

山形城の支城・長谷堂城（右上）を攻撃する上杉方の直江兼続軍。

人格力ランキング

順位	武将	点数
1位	島津義弘	19.0 点
2位	武田信玄	17.6 点
3位	小早川隆景	17.5 点
3位	上杉景勝	17.5 点
5位	上杉謙信	17.3 点
6位	片倉景綱	17.0 点
6位	真田幸村	17.0 点
8位	立花宗茂	16.8 点
9位	直江兼続	16.7 点
10位	本多忠勝	16.6 点

第5位
合計 17.3

純粋な義心で戦い続けた軍神

上杉謙信

謙信の父・長尾為景《ためかげ》は、主君を殺し越後の守護代に収まった男である。そんな父とそりが合わなかったのか、謙信はいったん城下で仏門に帰依《きえ》する。

しかし、家督を継いだ兄が内乱で窮地に立たされると還俗《げんぞく》、戦闘の指揮で尋常ならざる才能を見せる。やがて家臣団から待望論が起こり、兄に長尾家を譲られることになる。

ここまでの経緯を見れば分かる通り、謙信は自ら望んだわけではなく、その力と人格故に周囲に推されて戦国大名になった稀有《けう》な人物なのだ。

越後を統一して以後も助けを求める者や領民のために戦い続けた謙信だが、家臣団の内部抗争や国人衆の離反などに嫌気が差してしまったのか「高野山で出家する」と言い残し出奔《しゅっぽん》してしまった。これも私心で領国経営をしていなかったことを示す逸話だろう。

結局、驚愕《きょうがく》した家臣団が誓紙を差し出すことで帰還した。軍事指揮官としての顔とは別に、繊細《せんさい》な一面を持つ謙信は、家臣団にとって自分たちが一致団結して支えなければならないと思わせる人物だったのだろう。

月岡芳年が明治になって描いた上杉謙信の錦絵。

画像提供：国立国会図書館

本郷チェック

戦国武将にとって人格力とは？

人格力は家来を引き付ける魅力だね。自分を厳しく律していたと言われる上杉謙信でも、あちこちで裏切られる。欲望に結構忠実な武田信玄のほうが裏切りがなく、高潔な人格であればいいという単純なものではないんだな、きっと。大坂の陣で真田幸村は、見知らぬ浪人たちが部下として配置されるが、そいつらを率いて家康に突撃をかける。これは人格力がなければできないことだよ。

統治力ランキング

第1位は、江戸幕府を開き約250年の平和な時代の基礎を作った徳川家康が選出

約250年の平和を築きあげ江戸幕府の礎を築いた大英雄

選考理由
- 天下を治めたから
- 磐石の幕府体制を確立
- 江戸の町を整備した

第1位

徳川家康
ieyasu TOKUGAWA

領民の心を掴み所領の町々を発展させる力

平時に求められる能力だと思われがちだが、戦国時代では統治能力の有無こそが武将たちの命運を分けた。港湾都市なのか山国なのか、開墾できる土地はあるのか……所領の特性に合わせた政策で他国との差をつける必要があったのだ。

本郷チェック 統治力の第1位に徳川家康が選ばれたのは鉄板だね。秀吉から関八州を任されると、湿地帯だった江戸の整備を行ない、巨大都市を作り上げたのだから、もう大したものだよ。

画像提供：国立国会図書館

上／今川館を徳川家康が近代城郭に作りなおしたのが、静岡県静岡市にある駿府城だ。その後、江戸に転封となったが、江戸開府後、家康は将軍職を秀忠に譲ると大御所となり駿府を隠居城とした。
右／静岡市駿河区の「久能山東照宮」には、徳川家康の38歳当時の手形が残されている。
左／「正保元年御江戸繪圖」。正保（しょうほう）元年（1644）の３代将軍家光の時代に制作された江戸の地図。明暦の大火（1657）以前の江戸の様子が分かる地図でもある。

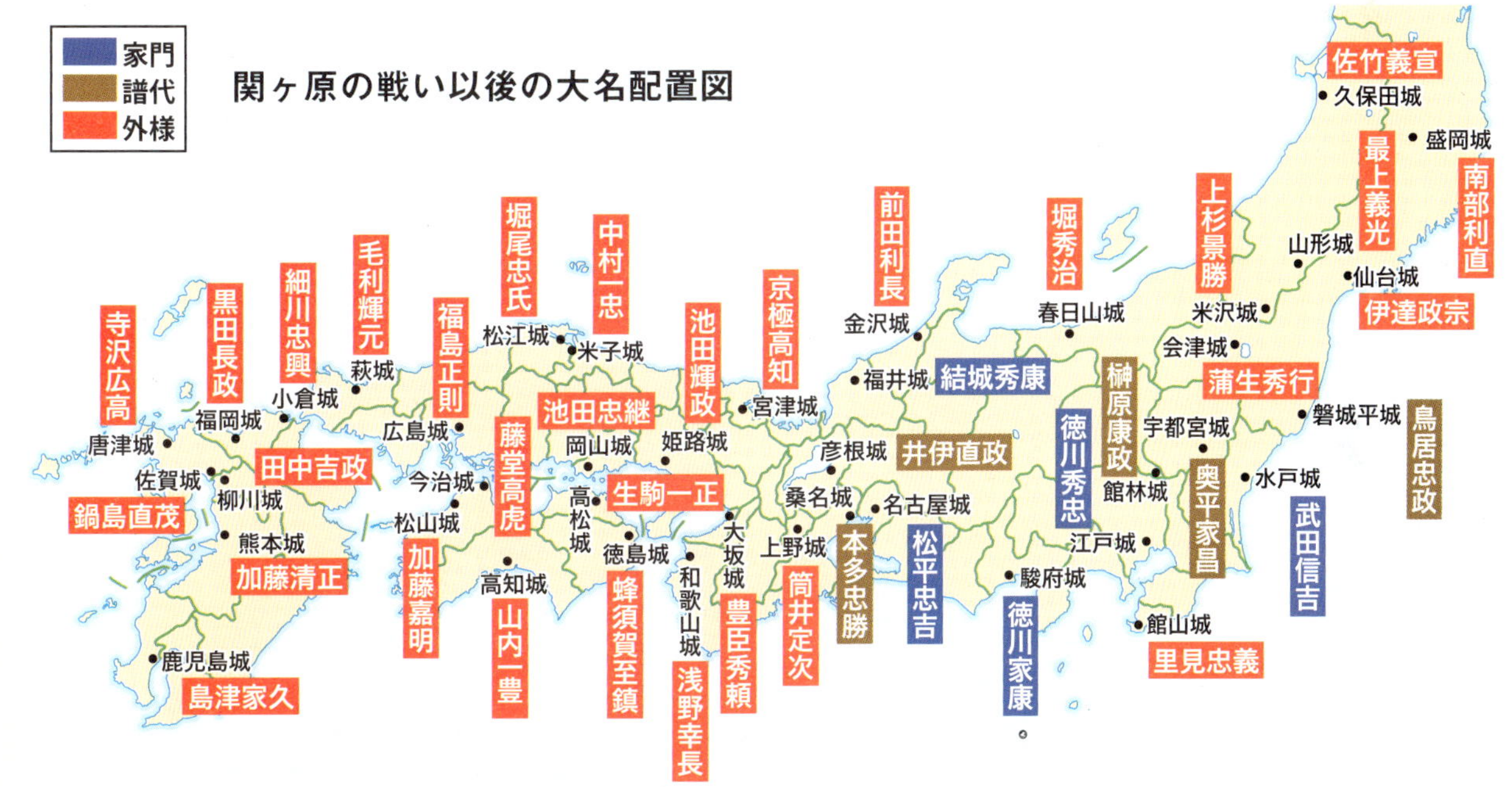

湿地に過ぎなかった江戸 家康の着目で最大都市に

家康が開いた江戸幕府は、250年以上の長きにわたって存続し、日本に平和をもたらした。この一点だけでも、数ある戦国武将のなかで、もっとも優れた統治力の持ち主は家康だと断言できるだろう。

徳川政権の本拠地となったのが現在の東京・江戸。家康が関東に転封されてきたとき、この地は大きな町もなく、ただの湿地帯が広がるだけ。そこで大規模な埋め立てを行ない、土地を造成して城下町を作りあげた。居城を構える場所は他にいくらでもあったが、あえて家康は麹町台地を選んだのだ。

周囲の広大な平野は開発にうってつけだったし、当時の運搬手段の最たるものは船のため、海に面した江戸は、すでに海運ルートに組み込まれていた。だが、商業都市として発展するには、更なる水路の充実が必要不可欠だった。そのため家康は、江戸湾に注ぐ利根川の流れを銚子へと変え、江戸の町を水害から守りつつ輸送体系を確立する工事を行なった。

この利根川の流れを変える工事は、家康の死後も約60年続けられ、その後の江戸の発展に寄与している。

第2位 合計19.4

慈悲深く繊細だった領国経営

武田信玄

戦に明け暮れていたイメージがあるが、信玄は領国経営にも心血を注いでいる。例えば甲斐《かい》に点在していた金山の開発だ。産出された金は金貨に鋳造された。

また、「甲州法度《はっと》之《の》次第《しだい》」という「分国法（戦国大名独自の法規範）」を定めている。この法の珍しいのは、適用範囲が信玄自身にも及ぶことが明言されている点。誰でも、いつでも当主に「ダメ出し」できる環境が整っていたのだ。領土経営における、信玄の公明正大な姿勢が窺い知れる。

山梨県甲府市に建てられた武田神社は躑躅ヶ崎館の跡地に建てられたため今も石垣が残る。

第3位 合計19.3

画期的だった「太閤検地」

豊臣秀吉

耕作地の面積と収量を調査する「検地」。秀吉はこれを全国規模で実施した点で画期的だったとされる。計量の統一基準をつくったほか、米以外のさまざまなものに課されていた税を統一して米に換算して表現した。さらに、虚偽の報告を防ぐために、わざわざ検地奉行を全国津々浦々に派遣することで厳正を期した。

諸大名は調査された石高に応じて軍役を課されたため、秀吉は戦に必要な兵数から逆算して全国から大軍を動員することができた。

朝鮮出兵において、約16万人という前代未聞の大軍を兵站も含め海外に参陣させることができたのも、このシステムのおかげである。

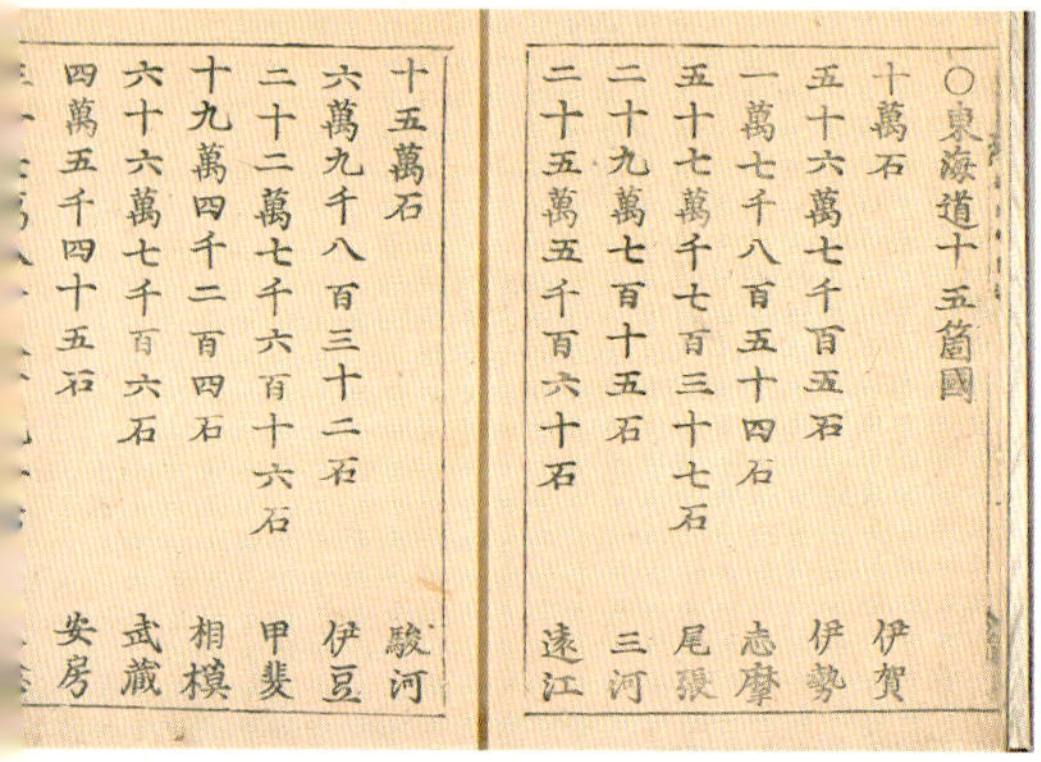

○東海道十五箇國

伊賀	十萬石
伊勢	五十六萬七千百五石
志摩	一萬七千八百五十四石
尾張	五十七萬千七百三十七石
三河	二十九萬七百十五石
遠江	二十五萬五千百六十石
駿河	十五萬石
伊豆	六萬九千八百三十二石
甲斐	二十二萬七千六百十六石
相模	十九萬四千二百四石
武蔵	六十六萬七千百六石
安房	四萬五千四十五石

小瀬甫庵が著した「前關白秀吉公御検地帳之目録」。 画像提供：国立国会図書館

第3位 合計19.3

徹底して人の往来を自由化

織田信長

信長の統治政策といえば、「楽市楽座」が有名だろう。

中世には座という商人の同業組合のような組織があり、座役と呼ばれる一種の税を納めるかわりに、商人たちは販売の独占権や、課役・関税の免除といった特権を得ていた。

これら既得権益を排除して自由な取引市場をつくり、織田家領内を商人が自由に行き来し、経済を活性化させようというのが楽市楽座政策である。

さらに信長は関所を撤廃し、領内の道幅を広くし川に橋を架けるなど、徹底して人の往来を活発化させた。

敵が侵入してきたときのために、領内の道はなるべく通りにくく、川というのは堀として利用しようというのが当時の発想だったが、信長はその真逆の政策を選んだ。統治政策にもその革新性が存分に発揮されているのだ。

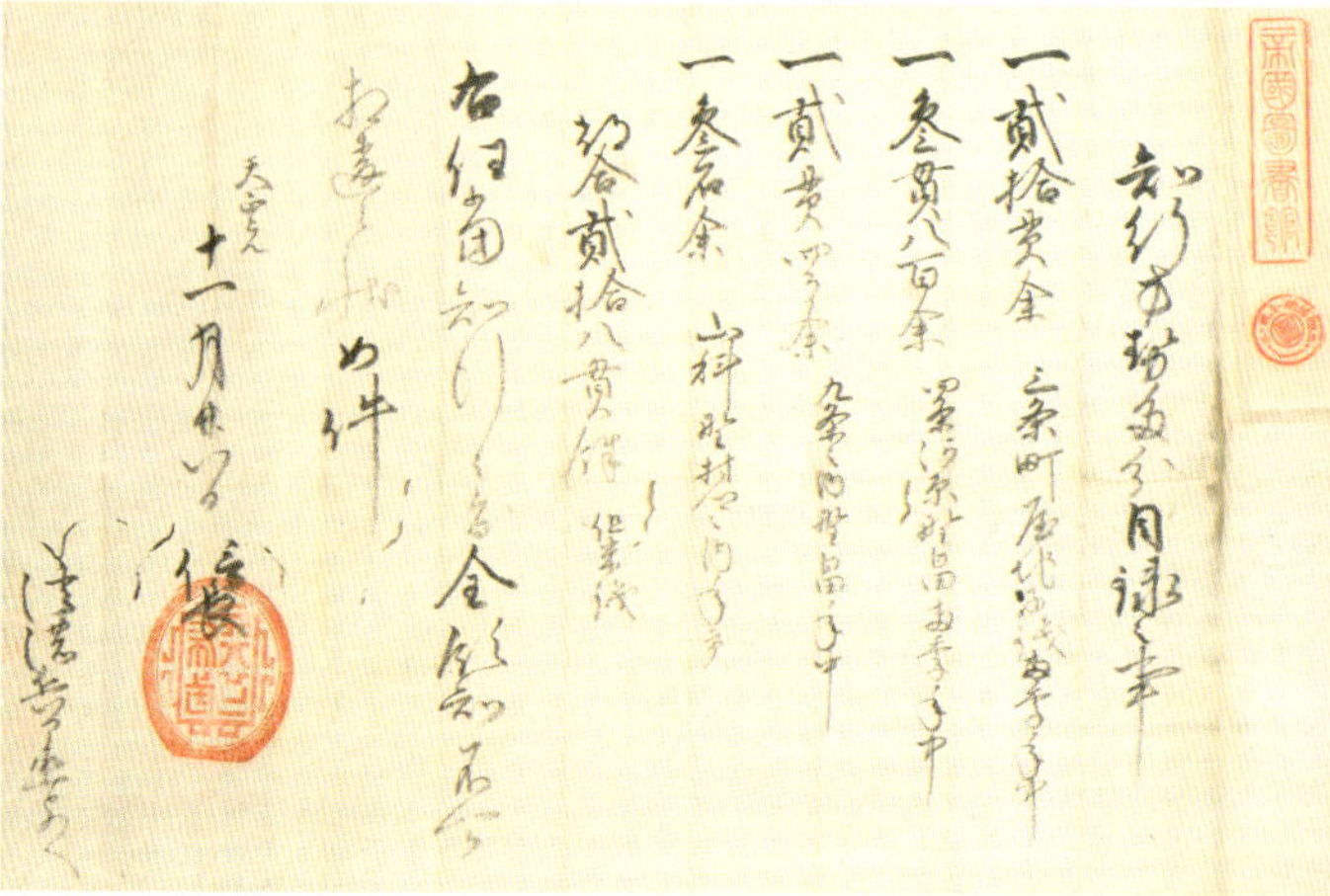

画像提供：国立国会図書館

天正元年（1573）に書かれた、織田信長の朱印が押された公的文書。

統治力ランキング

順位	武将	得点
1位	徳川家康	19.5点
2位	武田信玄	19.4点
3位	豊臣秀吉	19.3点
3位	織田信長	19.3点
5位	伊達政宗	18.6点
6位	上杉謙信	18.1点
7位	北条氏康	18.0点
7位	北条早雲	18.0点
9位	蒲生氏郷	17.9点
10位	毛利元就	17.8点

第5位 合計 18.6

厳しい姿勢で家中を引き締める

伊達政宗

伊達政宗を祀る、仙台市青葉区の青葉神社。

❖仙台城縄張り図

画像提供：国立国会図書館

慶長遣欧使節団を派遣 大胆不敵な政策が多し

奥州有数の名門・伊達家に生まれた政宗だったが、家督を継いだときには内乱と周辺勢力の勃興で伊達家の勢いは失われていた。若き政宗は奥州の統一をめざし、苛烈な戦いを開始する。

勢力均衡を目的として互いに政略結婚を繰り返していた奥州の諸大名は、血縁関係が複雑に入り組んでいた。周りを見渡せば親戚ばかりという状況だったが、政宗は離反した武将はとことん追い詰め、老若男女を皆殺しにしている。かつてなかったリーダーの登場に、奥州には激震が走った。

同時に、反逆者への断固たる処分を見せ、奥州統一という目標を掲げる若き当主のもと、伊達家は団結したと思われる。結局、南奥州を統一したところで豊臣秀吉の軍門に下ることになるが、政宗を信用していない秀吉は伊達家の有力家臣を豊臣家に誘ったり、蒲《が》生氏郷《もううじさと》を会津に据えたりと警戒を強めた。しかし伊達家は動揺することなく、伊達成実《しげざね》や鬼庭綱元《おにわつなもと》などの出奔者を出した（後に帰参）ものの、大きな混乱もなく全国有数の大名家であり続けた。これもひとえに政宗が家臣団をひとつにまとめていたからだろう。

関ヶ原の戦いの後、政宗は支倉常長《はせくらつねなが》をスペインに派遣している。海外に後ろ盾があると思わせることで、徳川家が仙台藩に手を出しにくくする狙いもあったと思われる。どこまでもしたたかな政宗の手腕のおかげで、仙台藩は幕末まで存続したのである。

仙台市青葉区の伊達政宗を祀る霊廟・瑞鳳殿。観光客の人気スポットだ。

本郷チェック 戦国武将にとって統治力とは？

戦国武将に必要な統治力は、まずは自分の国を平和にしっかり治めるということ。だから他国を攻め領地を広げるのは二の次で、まずは地盤を固めること。侵略者から領民を守ったり、道の整備、関所の撤廃など、税を集めるには税を集めるだけのサービスを領民に対して行なわなければならない。それができる武将だけが生き残った。統治力は、そのような観点で見なければいけない。

戦国なんでもランキング

総合ランキングでは評価の対象にならないような、ちょっとマニアックな切り口のファン目線で戦国武将を見てみると、戦国武将の知られざる一面や、人間性が透けて見えてきた！

❶戦国最強の猛将は誰だ！ …………→P29
第1位 井伊直政 第2位 山中鹿介 第3位 島左近

❷戦国最強の残虐な武将は誰だ！ …………→P32
第1位 織田信長 第2位 豊臣秀吉 第3位 徳川家康

❸過小評価されている戦国武将は誰だ！ …→P34
第1位 蒲生氏郷 第2位 石田三成 第3位 豊臣秀長

❹文化系戦国武将は誰だ！ …………→P36
第1位 古田織部 第2位 細川幽斎 第3位 高山右近

❺上司にしたい戦国武将は誰だ！ …………→P38
第1位 大谷吉継 第2位 真田昌幸 第3位 前田利家

❻部下にしたい戦国武将は誰だ！ …………→P40
第1位 片倉景綱 第2位 豊臣秀吉 第3位 竹中半兵衛

❼女好き戦国武将は誰だ！ …………→P42
第1位 豊臣秀吉 第2位 豊臣秀次 第3位 大友宗麟

❽戦国一の狡猾なワル武将は誰だ！ …………→P44
第1位 松永久秀 第2位 徳川家康 第3位 伊達政宗

❾戦国を代表する名軍師は誰だ！ …………→P46
第1位 黒田官兵衛 第2位 直江兼続 第3位 山本勘助

❿死に様が見事な戦国武将は誰だ！ …………→P48
第1位 清水宗治 第2位 高橋紹運 第3位 明智左馬助

⓫戦国一の築城名人は誰だ！ …………→P50
第1位 加藤清正 第2位 藤堂高虎 第3位 黒田官兵衛

⓬運に見放された戦国武将は誰だ！ …………→P51
第1位 石田三成 第2位 柴田勝家 第3位 内ヶ島氏理

⓭その存在が怪しい戦国武将は誰だ！ ……→P52
第1位 服部半蔵 第2位 出浦盛清 第3位 望月出雲守

⓮衆道に没頭した武将は誰だ！ …………→P53
第1位 武田信玄 第2位 織田信長 第3位 大内義隆

あなたが選ぶ武将と比較しながら読んで欲しい！

この章では、総合ランキングでは評価がされ難い「戦国最強の猛将は誰だ！」、「戦国最強の残虐な武将は誰だ！」、さらには、「女好き戦国武将は誰だ！」、「衆道に没頭した武将は誰だ！」のような、ちょっと変な質問を投げかけてみた。

回答方法は、各項目ごとに歴史通が思いつく武将名を書き出してもらい、編集部で集計。すると総合ランキングでは選ばれなかった無名な武将や、良くも悪くも一芸に秀でた武将が数多く選出されてきた。

ただ、選者が主観で選んだランキングなので、この結果に納得がいかない方もいるだろう。だから「私だったらこの武将を選ぶ」と常に考えながら読み進めて欲しい。きっと、その瞬間が歴史好きにはたまらないはずだ。

戦国なんでもランキング❶

戦国最強の猛将は誰だ!

戦国武将といっても、世が落ち着き始めると、領国経営力などが評価の対象になっていく。しかし、武将たるもの戦ってなんぼの商売。ここでは国をまとめる力はなくても、個人の持つ戦闘能力が高かった武将を評価する。

猛将 第1位

勇猛ぶりから赤鬼の異名を持つ 井伊直政

数々の戦功を挙げるがなぜか戦のたびに負傷する

戦国最強の猛将第1位は、井伊の赤鬼・井伊《いい》直政《なおまさ》が選ばれた。

井伊直政が初手柄を挙げたのは16歳の時。天正4年（1576）に遠江と甲斐を結ぶ要衝に築かれた高天神《たかてんじん》城を武田勝頼が奪取。家康は城を取り戻すため出馬し、高天神城を攻囲した。ある晩、武田忍びが家康の陣に忍び込み、家康の首を狙った。だが寝ずの番をしていた小姓の井伊直政が侵入者を撃退したと伝わる。

2年後の遠江・田中城攻略戦でも活躍、天正壬午《てんしょうじんご》の乱の後に武田遺臣をつけられ、さらに家康からすべての武具を朱色で統一するよう命じられる。これは武田軍が編成していた精鋭部隊・赤備えを直政に引き継がせるための命であった。

直政が赤備えを従え、奮戦したのが小牧・長久手《ながくて》の戦いであった。羽柴秀次を大将とした奇襲部隊2万6000に対し、直政率いる先鋒隊3000が襲いかかり、「鬼武蔵」と呼ばれた森長可《ながよし》を討ち取り、羽柴軍を壊滅に追い込んだ。その勇猛ぶりから直政は「赤鬼」と呼ばれ赤備えは「井伊の赤鬼」と称されるようになった。

直政は猪《いのしし》武者《むしゃ》ではなく戦では事前準備も怠らなかった。陣を張ると堀や柵を巡らすなど守備にも気を使った。本多忠勝からは「直政はガチガチに防具を固めて戦場に立ったが、なぜかいつも負傷していた」と言われている。実際、直政は負傷することが多かった。小田原征伐でも鉄砲の炸薬《さくやく》を増やして攻撃力を高めたが、暴発してしまい指を負傷。関ヶ原の戦いでは、娘婿で家康の4男である松平忠吉《ただよし》に一番槍の武功を取らせるため、抜け駆けして滞陣する宇喜多秀家の部隊を鉄砲で攻撃。さらに敵中突破で落ち延びようとした島津隊を追撃したが、逆に射撃され落馬してしまう。この傷が原因となって、命を落としてしまった。

関ヶ原で松平忠吉・井伊直政隊6000が構えた陣跡。

井伊家の菩提寺・静岡県浜松市の龍潭寺。初代共保から直政までの墓がある。

猛将 第2位

尼子家再興のために全身全霊を傾け奔走した

山中鹿介

一騎打ちでは負け無し 不屈の精神で戦い続けた

「願わくは、我に七難八苦を与えたまえ」と病弱な兄に代わり山中家の家督を継承した16歳のとき、三日月に祈った逸話で知られる山中鹿介《しかのすけ》。この祈念は手柄を立てて出世し、主家を支えたいという思いから出たという。

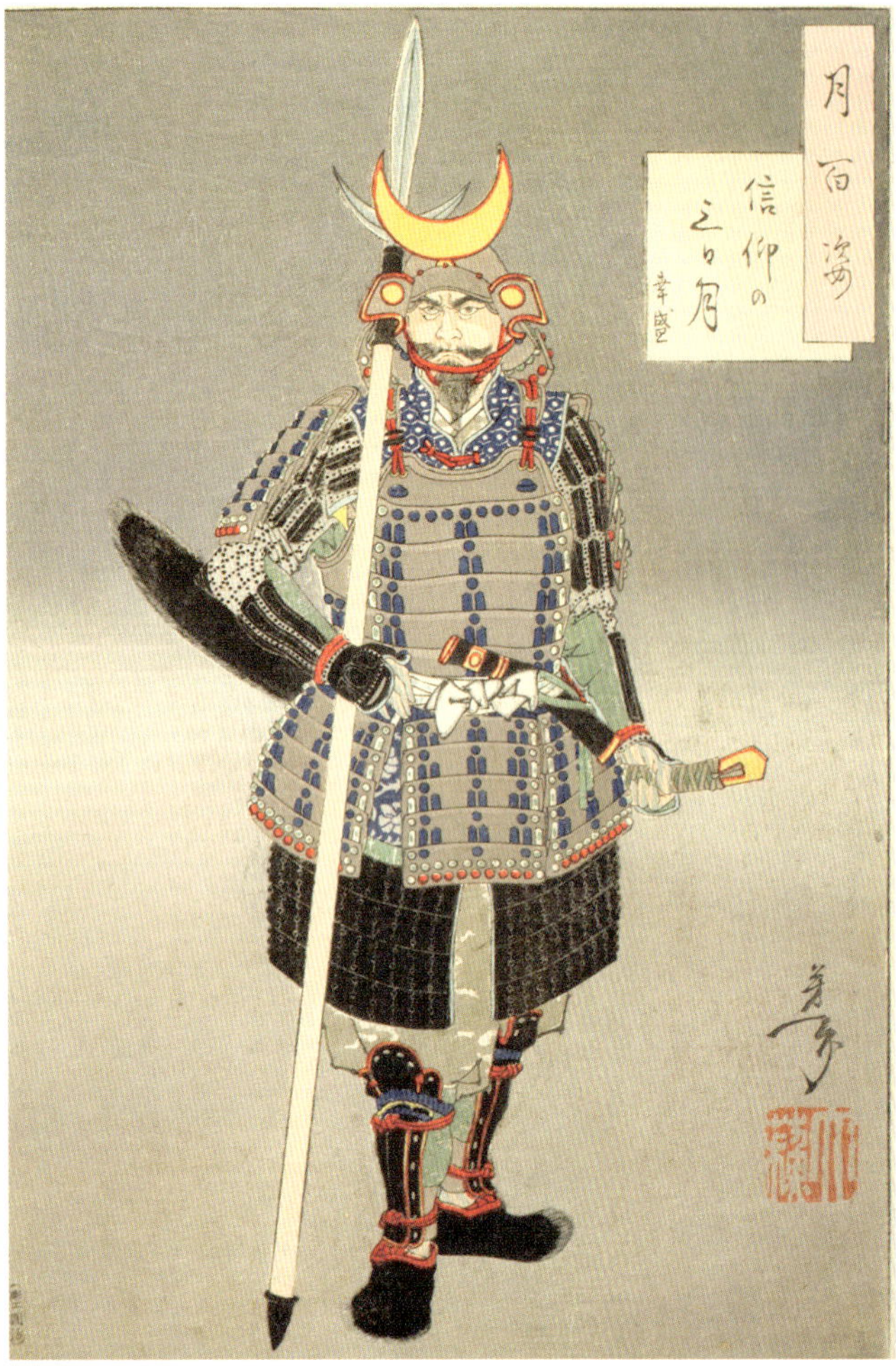

画像提供：国立国会図書館

鹿介は天文14年（1545）生まれ。生後数ヶ月で4～5歳の体格を持ち8歳で初めて人を討ったという。13歳で初陣となる伯耆《ほうき》・尾高城攻めに参加、因伯《いんぱく》一の豪傑といわれた菊池音八を一騎打ちで下し山陰の麒麟児《きりんじ》と呼ばれた。

これは伝説の類《たぐい》だが、早熟で武勇に優れていたことから創作されたのではないだろうか。

鹿介が仕えた尼子《あまご》家は、晴久《はるひさ》の代には中国地方の7ヶ国の守護を兼ねた大大名だったが、晴久の死後は急成長した毛利氏に攻め込まれていた。

本拠を攻められた第二次月山富田《とだ》城の戦いでは、鹿介は敗戦必至の戦いのなか奮闘。一騎打ちで敵将を討ち取るなど吉川・小早川両軍を7度にわたり撃退し、1年以上も籠城戦を繰り広げたが、遂に力尽きて降伏開城。尼子氏は滅亡してしまう。

永禄12年（1569）、鹿介ら尼子遺臣団は、隠岐《おき》に渡り尼子再興の軍を挙げた。一時は出雲の大半を占拠するが毛利氏の反撃を受け大敗。鹿介は吉川元春に捕えられ、尾高城に幽閉される。しかし鹿介は下痢を理由に何度も厠《かわや》に行き、監視の目が緩んだところで便槽を潜って脱出に成功する。

鹿介は因幡《いなば》の山名豊国《やまなとよくに》に身を寄せ、京に上り明智光秀の仲介を得て織田信長を頼る。信長の援助を受けて鳥取城を毛利から奪還するも、反撃を受けて敗退。

再び京に戻った鹿介は光秀に与力し、天正5年（1577）信貴山《しぎさん》城攻めに参加。鹿介は一騎打ちにより松永方の大将・河合将監《しょうげん》を討ち取っている。

この手柄により信長からの再度の援助を受けて、羽柴秀吉率いる中国方面軍の先鋒を任じられ、尼子勝久を大将とした軍勢は播磨《はりま》・上月《こうづき》城の守備を任される。念願の居城を得て尼子氏再興も目前と思われた。

だが信長に臣従を誓ったはずの東播磨の名族・別所長治らが離反、毛利の支援を受けて城に籠もった。同時に上月城も毛利方により包囲される。信長が三木城攻略を優先としたため、上月城は援軍を受けられずに孤立化。城兵の助命を条件に降伏開城し、尼子一族は全員が自刃し、鹿介も捕虜となった。

鹿介はその生涯で66の首級を挙げている。特に一騎打ちでは無双の強さを誇った。だが、この無類の強さと主君に対する類まれなる忠誠心が仇となり、恐怖を感じた毛利氏により護送途中に謀殺されてしまった。

こんな不屈の闘志を持つ漢《おとこ》・鹿介が第2位に選ばれたのも納得だろう。

鹿介が殺害された岡山県高梁市の阿井の渡しに墓石が建立されている。

猛将
第3位
鬼神と恐れられた 島左近

島左近《さこん》が一世一代の大活躍をし、その武名を知らしめたのが、天下分け目の関ヶ原の戦いであった。

左近は石田隊の先手として部隊を指揮したが、黒田長政の別働隊からの銃撃を受けて負傷、後方に退いていた。だが小早川秀秋の裏切りにより西軍部隊は次々と壊滅。石田隊も東軍の猛攻を受けきれず、三成は落ち延びることを図った。左近は三成を逃すため怒濤《どとう》の勢いで迫りくる東軍部隊と激烈な戦いを繰り広げた。その姿は「鬼神《おにかみ》のようであった」と後に記される。

左近勢と戦った者の中には戦の後、左近の「かかれ！　かかれ！」の声が耳から離れず、夢にまで見て恐怖でうなされた者もいたというほど、その戦いぶりは凄まじかったのだ。

左近の最後は戦死したとも（ただ戦いのはじめに銃撃で戦死した説もある）、落ち延びたともいわれる。「三成に過ぎたるものがふたつあり島の左近と佐和山の城」と俗謡で囃《はや》されたほど、前評判通りの武者振りを見せたのだ。

猛将
第4位
今でも伝わる虎退治の逸話 加藤清正

熊本城築城や堤防の整備など、土木工事の名手として知られる加藤清正だが、武名でも現在まで語り継がれる逸話を持つ。それが「虎退治」である。

清正は幼少時から豊臣秀吉に仕え、賤《しず》ヶ岳《たけ》の戦いで武功を挙げて「賤ヶ岳七本槍」のひとりに数えられた。

文禄《ぶんろく》の役では二番隊主将となり、朝鮮に渡海。破竹の勢いで半島を北上し、朝鮮の王子を捕縛した。続く慶長の役では蔚山《ウルサン》城で明・朝鮮連合軍の兵糧攻めに遭い、九死に一生を得た。

この朝鮮出兵時、清正の陣周辺に人食い虎が出没し、軍馬や従士が殺されることが頻発した。当時半島にはアムール虎やシベリア虎といった大型の虎が棲息していたのだ。怒った清正は山狩りを行ない、1匹の虎を追い込み槍で虎の喉元を一突きして退治した。

清正がいずれの出陣時に虎退治をしたかは不明。また近年では鉄砲で銃殺したのではないかといわれているが、いずれにせよ豪胆な武将であったことには変わりない。

画像提供：国立国会図書館

賤ヶ岳七本槍として活躍する清正の姿を描いた錦絵。

column
賤ヶ岳七本槍

賤ヶ岳の戦いで秀吉側の先駆けの衆として柴田軍に突撃した将兵のうち特に武功を挙げたのが、加藤清正・加藤嘉明・平野長泰・脇坂安治・糟屋武則・福島正則・片桐且元の７人。秀吉から感状が与えられ石高も増え、賤ヶ岳七本槍と称されたとされる。七本槍と同様に感状を得て、数千石の禄を得た武将に、石川兵助と桜井佐吉がいる。兵助は賤ヶ岳で戦死、佐吉も合戦で受けた傷が元で３年後に死亡している。さらに感状を与えられた者は生涯それを誇りに思うものだが、福島正則は「脇坂などと同列にされるのは迷惑」と語り、加藤清正も七本槍が話題にされるのをひどく嫌ったという。また、『一柳家記』には七本槍以外にも先駆けの衆として石田三成や大谷吉継、一柳直盛たち14人が最前線で武功を挙げたことが記されている。だが『一柳家記』は寛永18年(1641)、合戦から58年後に記されたもので、史料としての信頼性に乏しいという評価もある。こうしたことから、七本槍という称号は当時は流布しておらず、江戸時代になって広まったのではないかという説もある。

戦国なんでもランキング②

戦国最強の残虐な武将は誰だ！

合戦が起きれば敵味方を問わず大量の人が死ぬのが戦国の世。だが、合戦や合戦以外でも残忍な方法を用いて敵を殺す武将がいた。

兵庫県伊丹市の有岡城跡。当時としては珍しく総構えをもつ堅固な城郭だった。

残虐な武将 第1位 仏敵である第六天魔王と呼ばれた 織田信長

比叡山、一向衆と反目し徹底的な弾圧を加えた

信長は比叡山《ひえいざん》の焼き討ちで、僧や属人1000人以上を虐殺。長島一向一揆攻めでは城に籠る一向衆2万人を焼き殺したとされる。これらの行為が信長を残虐な武将の第1位に押し上げたと思われる。

また、天正6年（1578）には、突如荒木村重が反旗を翻した有岡城の戦いで、開城後、籠城していた荒木一族や重臣、家臣の家族ら700名近くを全員処刑した。

しかし、こうした残虐行為にはそれなりの理由もあった。比叡山や長島は、既得権益を維持するため信長と対立していた。有岡城も村重が信長を裏切ったためだ。信長は、一罰百戒の見せしめの効果を高めるため、斬首の他に焚《ふん》刑《けい》、逆さ磔《はりつけ》、鋸《のこぎり》挽《び》きなどの、より残忍な処刑方法を行なっている。

伊丹市の墨染寺にある女郎塚。有岡城落城後に焚刑された婦女子の供養塔だ。

残虐な武将 第2位 じわじわと責めいたぶる 豊臣秀吉

「石川や浜の真砂は尽きるとも世に盗人の種は尽きまじ」大坂城に盗みに入り、捕縛された大盗賊・石川五右衛門が、釜煎《かまいり》の刑に処せられたときに詠んだ辞世だ。処刑方法としては残虐極まりないが、これを命じたのが豊臣秀吉であった。

秀吉の残虐行為は、これだけではない。謀反の疑いで豊臣秀次を切腹させ、妻子、側室ら30数名を処刑。さらに秀次の居城・聚楽第まで徹底的に破壊する非道ぶりを見せている。

また城攻めでも、大軍で包囲し補給路や水源を遮断。城兵が餓えと渇きに喘ぎ、戦意を喪失するのを待つというのが得意戦法だった。「鳥取城の飢《かつ》え殺し」「三木城の干《ひ》殺し」「備中高松城の水攻め」などが知られている。

秀吉が城持大名となった、滋賀県の長浜城にある秀吉像。

残虐な武将 第3位 敵対者を容赦なく毒殺!? 徳川家康

家康の表立った残虐行為は、信長に武田との内通を疑われた正室・築山殿を殺害したことぐらい。そのため信長や秀吉と比べると、多少ましに思えるかもしれない。

だが、家康の周辺では不審死が多い。小田原征伐中、武力・内政とも優れ「名人」と讃えられた堀秀政が38歳で陣没。秀吉は戦後家康を関東に封じ、その監視役を秀政に任そうと考えていたのだ。その秀政に代わり会津藩主となった蒲生氏郷も文禄の役後に40歳で死亡。

この他、秀吉の弟・秀長、前田利家、加藤清正など、家康にとって都合の悪い武将が、なぜか絶妙のタイミングで命を落としている。そのため調薬が趣味の家康が毒殺したのではないかと疑いが持たれている。

静岡市の駿府城に建つ家康像。家康は鷹狩を趣味としていた。

織田信長の残虐行為は
一罰百戒の見せしめだった

過小評価されている戦国武将は誰だ！

歴史教科書に登場する、織田信長、徳川家康、豊臣秀吉以外にも戦国時代に活躍した武将は多くいる。活躍に比して、正当な評価を受けていないと思う武将を選び出してもらった。

画像提供：東京大学史料編纂所所蔵模写

過小評価 第1位

文武に優れ、92万石を領した 蒲生氏郷

信長に気に入られ女婿に 秀吉から恐れられた武将

天下を取った豊臣秀吉から「松島侍《じ》従《じゅう》（氏郷）を上方に置いておくわけにはいかぬ」（『名将言行録』）と、信長からも認められたその器量を恐れられ、茶聖・千利休からは「文武二道の御大将にて、日本において一人、二人の御大名」（『備前老人物語』）と評されたのが、蒲生氏郷《がもううじさと》である。

氏郷は近江の六角氏の重臣であった蒲生賢秀《かたひで》の嫡男として弘治2年（１５５６）に生まれた。信長の上洛戦で六角氏が滅亡すると、９歳の氏郷は人質として信長に差し出された。氏郷と面談した信長は「蒲生の息子の目つきは常人とは違う。只者ではない」と思い、自分の娘を娶《めと》らせ婿に迎え入れた。

信長の人物鑑定眼は間違いなかった。氏郷は若くして武将として信長軍のなかで頭角を現し、多くの戦いで武功を上げた。その戦いぶりは勇猛果敢そのもの。銀の鯰《なまず》尾の兜《かぶと》をかぶり常に先陣を駆けていた。

他方、儒教や仏教、和歌、連歌に通じ、また千利休の高弟「利休七哲」の筆頭に数えられた文化人でもあった。

また行政面でも手腕を発揮した。天正12年（１５８４）に伊勢国松ヶ島12万石を領すると、松坂に新城と城下町を建設。城下町は諸税の免除、喧嘩口論・抜刀濫用《らんよう》の禁止、物資集積所の整備などを定めた「一二ヵ条の町中掟」を定めて、松坂発展の基礎を作った。

秀吉が自身の天下をうかがう人物として危険視したのは、氏郷の能力の高さを恐れたからであろう。

小田原征伐後、氏郷は徳川家康や伊達政宗の抑え役として陸奥・会津92万石に転封される。会津でも7層の天守・櫓などを持つ城を築き、若松城と命名。

器量に優れた氏郷の評価が低いのは、文禄4年（１５９５）に40歳の若さで死んでしまったことが大きいだろう。

福島県会津若松市の興徳寺には氏郷の遺髪が納められた墓が建立されている。

福島県会津市の会津若松城跡。伊達政宗の抑えとして氏郷が入城した。

氏郷が築いた三重県松阪市の松坂城。氏郷時代の見事な石垣が現存している。

過小評価 第2位

卓越した行政能力を持つ 石田三成

石田三成が関ヶ原で家康に敗れたのは、傍若無人《ぼうじゃくぶじん》で冷徹な性格が災いして武断派と呼ばれる徳川恩顧《おんこ》の武将たちの反感を買ったこと、また戦功がほとんどなかったことで軽んじられ、西軍をまとめきれなかったためとされる。

しかし、三成は行政能力に優れた武将であった。10万を超える大軍を大動員する戦での兵站の立案・実行力などはずば抜けていた。対する徳川方にはそうした経験がなかった。秀忠軍が遅参した一因には兵站計画の杜撰《ずさん》さもあったのだ。

もし三成がもう少し柔軟な思考を持ち、人当たりも良ければ関ヶ原の結果は変わっていた可能性もある。

彦根市の井伊家の菩提寺・龍潭寺にはなぜか石田三成像が建てられている。

過小評価 第3位

豊臣家の支柱であった 豊臣秀長

秀長が長生きしていれば、徳川の天下はなかったといわれる。

豊臣秀吉の４つ年下の同母弟の秀長。織田家に仕える小者から身を起こした秀吉に付き従い、兄の立身出世を一番近くで見てきた人物である。

播磨攻略戦では、秀吉の名代として国衆の調略を行なうなど、補佐役に徹していたが、天正13年（１５８５）の四国攻めでは総大将として10万を超える軍を指揮。武将としての能力が高いことを内外に知らしめた。

豊臣政権では１００万石を有し、大名たちから「公儀（公的な事柄）のことは宰相《さいしょう》（秀長）に」と考えられるほど、秀吉や大名からの信頼が厚かった。

小田原征伐後の天正19年（１５９１）、52歳で病没。これ以降、秀吉に対して直言できる者がいなくなり、豊臣政権崩壊の遠因となったとされる。

過小評価 第4位

地味だがその功績は大きい 真田信之

父は信濃・上田城主で「表裏比興《ひょうりひきょう》の者」と言われた真田昌幸。同母弟は大坂夏の陣で家康本陣に突撃し、「日の本一の兵《つわもの》」と賞賛された真田幸村。このふたりと較べて信之の認知度は低いが、武将としての能力は父や弟にも優るとも劣らなかったとされる。

関ヶ原では家康に与力していたこと、正室が本多忠勝《ただかつ》の娘（家康の養女）であったなどの理由で父や弟と分かれ東軍に与《くみ》し、御家存続を果たした。

江戸開府後も徳川家に重用され、３代将軍・家光は信之が何度も隠居願いを出してもこれを受理せず、江戸に留めた。島原の乱が起きると老骨にむち打ち参陣。立花宗茂《むねしげ》とともに、幕府軍の重しとなり、万治元年（１６５８）、93歳で大往生。戦国の世を知る最後の大名だった。

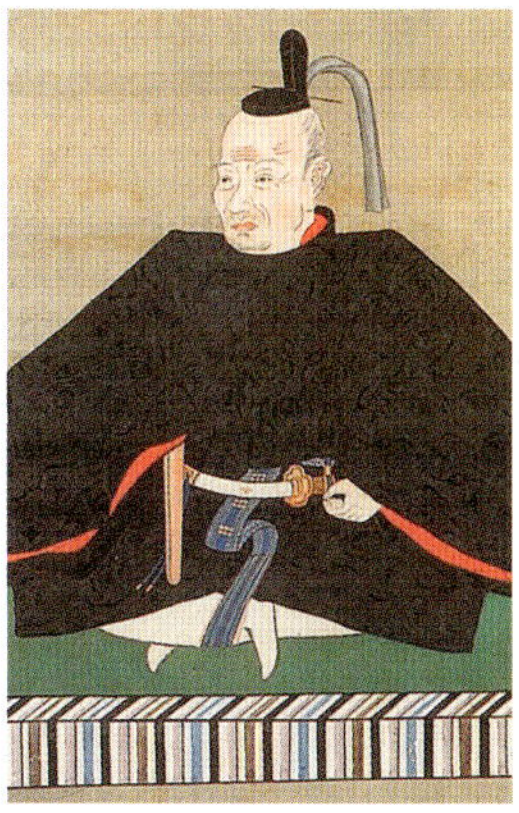
徳川への忠誠心を示すため、諱を信幸から信之に変えている。

過小評価 第5位

毛利家の内政財務を支えた 毛利隆元

正室の尾崎局とは非常に仲がよく頻繁に手紙を送っていた。

吉田松陰《しょういん》は隆元を「素行は端正で、敵に臨んで勇決する、仁孝に篤き良将であった」と評している。

安芸の国人領主から一代で中国を制覇した毛利元就の嫡男として生まれた。偉大な父と吉川元春、小早川隆景という優秀な弟ふたりに挟まれたため、自己評価が極めて低く「自分は生来、無才覚無器量である」と悲観した書を残している。弟ふたりも兄を蔑《ないが》ろにする態度を見せていた。

しかし、隆元の内政・財務能力は非常に高かった。法を整備し、領内の国人や商人と友好的な関係を築いて、毛利家の財政を支えた。

永禄6年（１５６３）に41歳の若さで急死すると、毛利家の収入は半減。隆元の優秀さに初めて気付かされた。

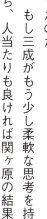

文化系 戦国武将は誰だ！

戦国の世とはいえ、合戦だけに明け暮れていたわけではない。武将の中にも、文化的な才で活躍した者もいた！

画像提供：大阪城天守閣

文化系武将 第1位

「数寄の茶」を完成させた

古田織部

生没年：1543～1615年

武士好みの織部流茶道を生み出した芸術家

文化的な素養にあふれた武将の第1位に、利休七哲のひとりで、師の千利休の侘《わ》び茶から時代に応ずる武家風の茶道を志向、織部《おりべ》流茶道の開祖となった古田織部が選ばれた。

織部は天文12年（1543）、美濃の豪族・古田重定の子として生まれた。信長の美濃攻略戦に父とともに参戦、織田家家臣となる。

信長死去後は秀吉に仕え、山城・西岡3万5000石を領し、賤ヶ岳の戦いなど数々の戦に出て軍功を挙げるなど、武将としての才もあったようだ。

だがやはり織部といえば、織部焼に名を残す、その文化的才のほうが注目をあつめる。

織部の父親の重定は、茶の湯の手配や給仕なども行なう〝茶坊主〟として、信長に仕えていた。その父から、織部は茶道を習う。だが織部に一番影響を与えたのが利休だった。織部は、早くから利休について茶湯を学び、その将来性を期待されていた。織部も師の教えである「人と違うことをせよ」を守り、利休の茶味を大きく明るく発展させ「数寄《すき》の茶」を創り上げていく。茶の湯にかける熱量は高く、織部流の茶室を作ることから、作陶、作庭など広い範囲にわたって自らの美を追究した。

美濃焼きにも早くから注目、作陶を依頼し、出来上がった焼き物は織部焼と称された。ゆがみやひずみの美を重視した大胆な意匠の織部焼を見た博多の豪商・神谷《かみや》宗湛《そうたん》は「セト茶碗ヒツミ候也。ヘウゲモノ也（瀬戸茶碗は歪んでいて、おどけたかたちをしている）」と驚嘆した。

利休亡き後は次代の名人とされ、秀吉が死亡すると嗣子《しし》に家督を譲り隠居し茶事《さじ》に没頭。朝廷や全国の大名、商人らと親交を持ち、独自の人脈を築き上げていった。

だが大坂の陣が始まると、家人が京の焼き討ちを目論んだとして京都所司代に捕縛される。織部の人脈の広さを恐れた徳川家康から豊臣氏と内通した嫌疑をかけられ、大坂城落城後に切腹を命じられてしまった。

古田織部も武将として参戦した、賤ヶ岳の戦いの古戦場跡。

堺にある千利休に縁の南宗寺には織部が作庭した枯山水庭園が残る。

画像提供：東京大学史料編纂所所蔵模写

文化系武将 第2位

当代一の文人でその知識に天皇も配慮した

細川幽斎

第2位の細川幽斎《ゆうさい》は、公家の三条西《さんじょうにし》実枝《さねき》から『古今和歌集』の秘伝を受け、九条稙通《たねみち》より『源氏物語』の奥義を授けられ、また茶道・料理・音曲《おんぎょく》・刀剣鑑定・有職故実《ゆうそくこじつ》などあらゆる学術芸能を極めた、戦国時代屈指の文化人である。著述は『伊勢物語闕疑抄《けつぎしょう》』『百人一首抄《しょう》』『室町家式』など歌道・有職故実に関するものが多い。歌集に『衆妙《しゅうみょう》集《しゅう》』がある。

関ヶ原の戦いで西軍に居城・田辺城を攻囲されるが、幽斎を歌道の師匠と仰いでいた敵将もいたことで、籠城戦は60日にも及んだ。幽斎の討ち死にを憂慮した八条宮智仁親王が使者を遣わして開城を勧告、さらに古今集秘伝の絶えることを惜しんだ後陽成《ごようせい》天皇の勅命による開城勧告も出され、助命された。この逸話からも幽斎の文化的な影響力が絶大だったことがわかる。

文化系武将 第3位

バチカンも認め福者に列す

高山右近

大阪市高槻市の高槻城に建てられた高山右近像。

高山右近《うこん》（霊名ジュスト）は古田織部らと並ぶ利休七哲のひとり。だが茶湯に対する取り組みは徳操、叡智《えいち》を養う場、祈りの場でもあったといわれ「キリシタンの茶湯」と評されている。

摂津《せっつ》・高山の豪族である高山友照《ともてる》の子として生まれ、荒木村重《むらしげ》の支持を得て摂津・高槻《たかつき》城主となった。右近は父の影響により9歳で洗礼を受け、敬虔《けいけん》なクリスチャンとなった。その影響で右近が城主となった高槻城下は、畿内最大のキリスト教宗門町として栄えていく。

右近はバテレン追放令が発布されても信仰を捨てず各地を放浪。前田利家に招かれ、加賀で茶の湯と宣教に没頭したが、家康の禁教令発布により国外追放となり、マニラで没している。

画像提供：東京大学史料編纂所所蔵模写

文化系武将 第4位

文に溺れ破滅への道を辿る

大内義隆

生没年：1507〜1551年

周防・長門・石見《いわみ》・安芸の中国4ヶ国の太守であった大内義隆《よしたか》。若い頃は独立志向の高い家臣の統御に苦労しながらも九州に出兵。博多を得て大陸貿易を行なうなど権勢を広げた。

しかし養嗣子《ようしし》・晴持《はるもち》が戦死したことをきっかけに政務を放棄、学問・芸能に耽溺《たんでき》するようになる。大陸貿易などで得た財力を用い、公卿を山口に迎えて、儒学や仏教、神道の伝授を受け、京から高名な師を招いては和歌・歌曲・雅楽などの教えを受けた。さらに有職故実に詳しい朝廷の官務家を招き政務に当たらせ、尚古《しょうこ》思考を強く推進。

しかし、こうした学問・芸能への傾きは財政を圧迫させ、武断派家臣の反感を買い、ついには重臣・陶晴賢《すえはるかた》の反乱により自害に追い込まれてしまった。

上司にしたい戦国武将は誰だ!

戦国武将の中にも、上に立つ才覚を持つ者や、逆に部下としての才覚はあるが上に立てる器でない者もいる。ここでは、自分が部下として働きたい、そんな武将を選んでもらった。

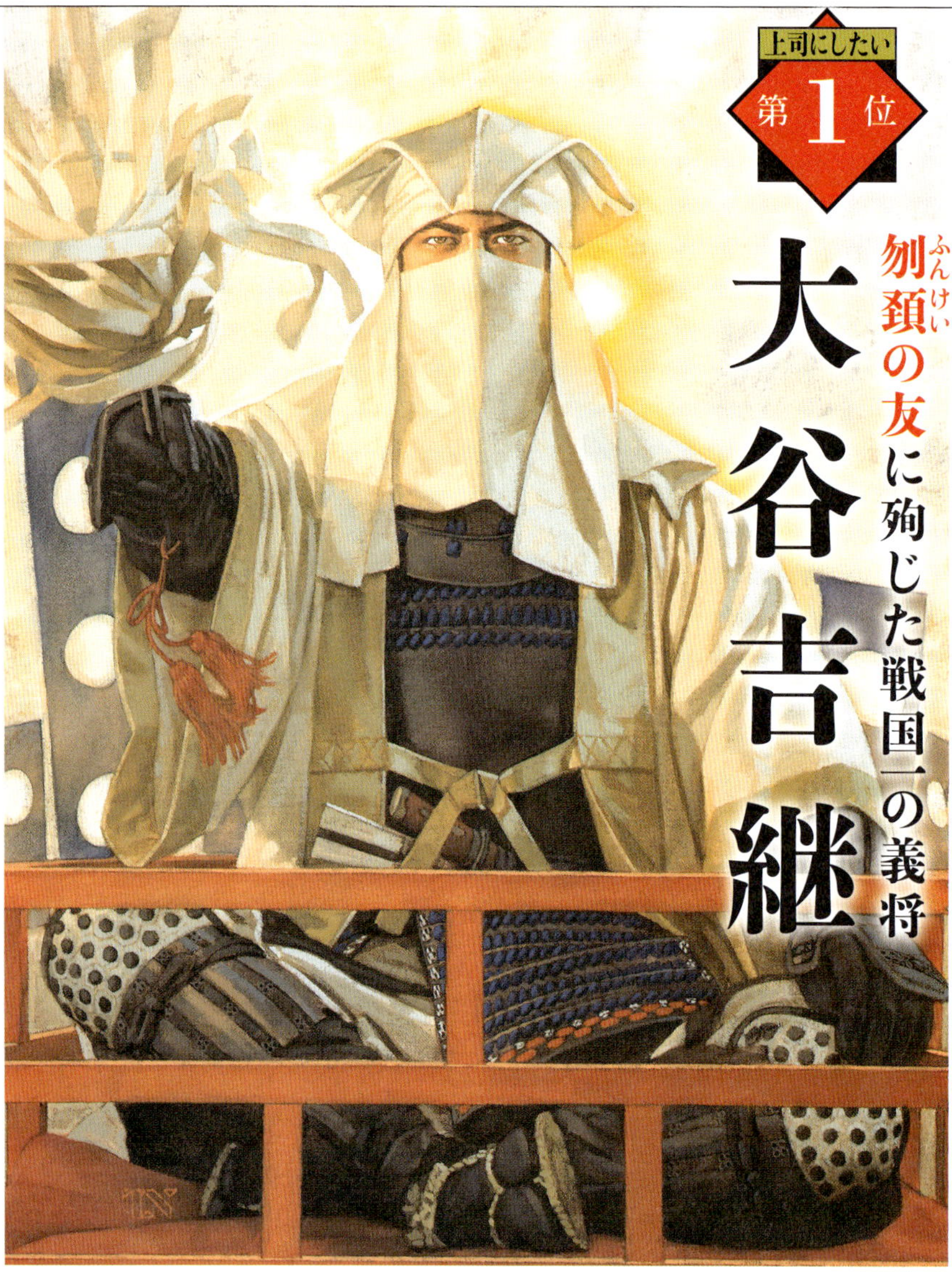

上司にしたい 第1位

刎頸《ふんけい》の友に殉じた戦国一の義将 大谷吉継

卓越した行政能力を持ち義を貫いて命を落とした

盟友・石田三成から徳川家康を討伐する軍を挙げる相談をされると、勝算がないと三成を説得したが、三成の意思を変えられないと悟ると敗戦の可能性が高いことを承知で西軍に加わった。こうした友情に篤い性格を評価され「上司にしたい」と選ばれたのだろう。

吉継《よしつぐ》の出自ははっきりしていない。秀吉が近江・長浜城主となったとき、召し抱えられたとされるが、その際石田三成の仲介があったとも。母は秀吉の正室・北政所《きたのまんどころ》の側に仕え、秀吉の使いもまかされる有力者であったとされる。フロイスの日本史では、吉継のことを「高貴な人」と記していることも、これを裏付けている。

吉継は中国攻略に出向いた秀吉の馬《うま》廻《まわり》衆として従軍。徐々に頭角を現し、賤ヶ岳の戦いの前年、長浜城主となった柴田勝豊《かつとよ》を調略。城ごと羽柴方に寝返らせた。本戦では石田三成らとともに七本槍に匹敵する「三振りの太刀」と賞賛される活躍をした。

吉継は事務処理にも卓越した能力を示した。九州征伐では兵站奉行の三成傘下として30万の軍勢の兵糧米と軍馬2万頭の飼料の1年分の出納《すいとう》と輸送を担当、滞りなく実行している。

吉継は越前・敦賀《つるが》を秀吉から与えられたが、この地は大陸及び日本海の交易の拠点である敦賀湊《みなと》を有し、京坂への物資蓄積と輸送の要となっていた。秀吉から大きな信頼を得ていたことが、ここからもうかがえる。

朝鮮出兵では船奉行と軍監を命じられたが、この頃より病が進行。戦後、奉行職を辞し、表舞台から姿を消す。吉継の病についてはハンセン病だったと考えられているが、それを裏付ける文献はない。吉継の面から垂れた膿《うみ》が茶碗に入り、それを三成がすべて飲み干したという茶会での逸話は、後世創作された可能性が高いことが指摘されている。眼病を患っていたのは確かで、関ヶ原では盲目に近かったようだ。

上司にしたい 第2位

部下になれば苦労必至だが退屈とは無縁？

真田昌幸

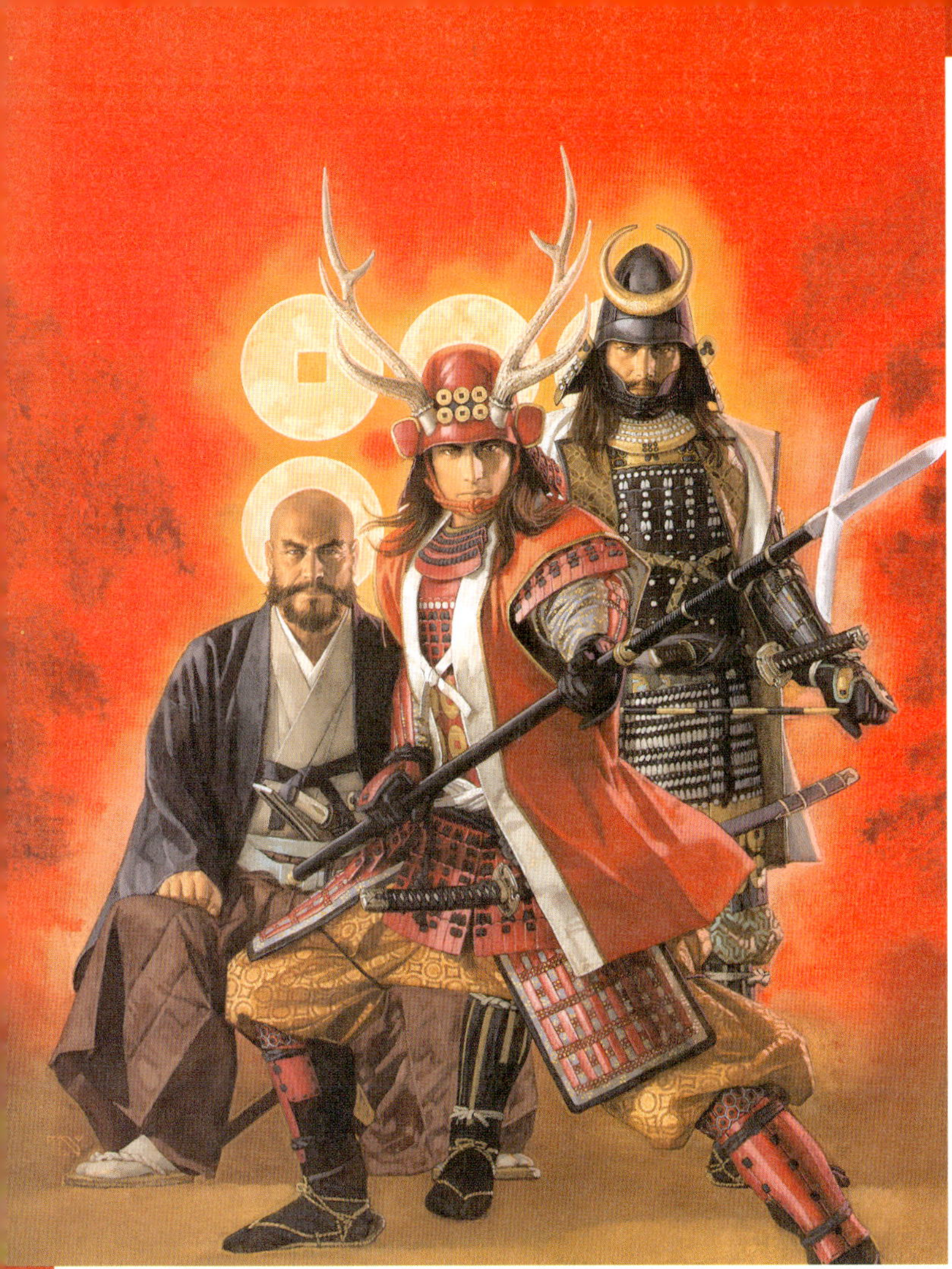

父・真田幸隆（左）、息子・幸村（中央）と真田昌幸（右）の真田三代。

戦国時代有数の戦略家として人気が高い真田昌幸。人質として武田信玄に預けられ、足軽大将を努め、甲斐の名族武藤家を継ぐ。だが、兄、信綱・昌輝が長篠合戦で討ち死にすると、昌幸は、真田姓に復して家督相続。信濃・小県《ちいさがた》郡真田を本拠に勝頼の援助を得て、沼田城を中心とする北上野《こうずけ》を勢力下に置く。

天正10年（1582）、武田氏滅亡後は織田信長に属したが、本能寺の変により上野から織田勢が撤退すると、侵攻してきた北条、さらに徳川と御家存続のため臣従先を変え、小県郡の豪族を自家に取り込み北信濃をまとめ上げる。その後、北条、徳川、上杉の勢力争いを利用して上田城を築いた。

家康が北条と和睦するため沼田城を北条に渡すよう命じると、昌幸は自力で得た地なので明け渡す気はないと突っぱねる。徳川が討伐の軍を挙げると、すぐさま次男・幸村を上杉氏の人質に差し出し助力を得て、上田城で徳川軍の撃退に成功。

さらに、家康の圧力を跳ね返すため全国統一を目前にした羽柴秀吉を頼ろうと、上杉に無断で幸村を大坂に人質として送り、臣従することに成功。わずか5年の間に織田、北条、徳川、上杉、羽柴と臣従先を替えたことで秀吉からは「表裏比興《ひょうりひきょう》の者」と揶揄《やゆ》されている。

御家存続のために時流を読み、果断な決断力をもって、生き残りを図る姿勢は、凡百の武将では行なえない。それに従う家臣も主君の豹変ぶりに振り回されたに違いないだろう。主君のこうした行動は、家臣の離反を招く要因にもなるが、不思議と真田家では家臣団との半目や諍《いさか》いが起こるという事態は少ない。岩櫃《いわびつ》城代であった海野幸光、沼田城代であった海野輝幸の兄弟が北条氏への内通を疑われ誅殺《ちゅうさつ》されたときのみだ。

これは上司として、昌幸の人心掌握術が高かったという証拠だろうか。

上司にしたい 第3位

家康よりも遥かに「律儀者」

前田利家

若い頃は城下でも知られた傾奇者《かぶき》で、槍《やり》の又左《またざ》と称された武辺者であった。信長の采配ぶりを間近で学び、一角《ひとかど》の武将に成長していった。秀吉とも若い頃から友好関係にあり、一時は敵対関係となるが、秀吉に臣従して後もその関係は変わらなかった。

また、利家は信長の勘気《かんき》をこうむって追放された間、極貧生活を送ったことがある。そのため金のありがたみを知っており、蓄財に励んでいた。

利家の人望は高く、武断派・文治派どちらからも尊敬を受けた。

現代でいうなら、若い頃やんちゃをしていた男が、家庭を持つと落ち着き、仕事に誠心誠意尽くしたことで、周りの評判も高くなったヤンキー上がりの社長といったところだろうか。

高山右近や宇喜多秀家を援助し、情に厚いところも知られる。

部下にしたい戦国武将は誰だ!

戦国大名に上り詰めなくても、ナンバー2として実質的に領土経営を行なった武将。
若き日に、部下として活躍した武将など、今度は自分の部下に欲しい武将を選んでもらった。

部下にしたい 第1位

片倉景綱

秀吉と家康も認めた優秀な武将

小早川隆景、直江兼続と並び三陪臣と称された

伊達政宗《まさむね》の幼少時代から、傅役《もりやく》として生涯を捧げた片倉景綱《かげつな》。通称の小十郎で呼ばれることも多い。

父は米沢八幡社の神主であったが、幼いころ両親と死別し異父姉によって育てられた。その姉が米沢城主・伊達輝宗の嫡男政宗の乳母に抜擢される。景綱も米沢で大火が発生した際、危機を顧みず消火に当たった功績により、政宗の傅役に任じられる。

政宗が伊達家当主となると、景綱も伊達の先鋒となり重要な合戦すべてに参加して武功を挙げ、「伊達の片倉」と呼ばれるまでの重臣となる。また、豊臣秀吉に臣従することを渋る政宗を説き伏せ、小田原に参陣させるなど、伊達家存続にその手腕を発揮した。

景綱の政宗に対する忠誠ぶりは家臣の中でも飛び抜けていた。ある時、景綱の妻が身ごもったが、景綱は「主君に未だ子がないのに、子が生まれるのは不忠である。生まれたら殺害する」と宣言。これを聞いた政宗が慌てて景綱に翻意させる手紙を出したという。

この逸話、妻を娶っても衆道《しゅどう》に走り、世継ぎをもうけない政宗を諌《いさ》めるための芝居であった可能性もある。

景綱の能力は秀吉、家康も認めていた。秀吉は直臣になるよう勧誘し断られ、家康は「景綱は政宗に劣るところはないが、ただひとつ景綱のような補佐役がいないところが劣っている」と評した。

全身全霊で主君を支え、主君が道を違えそうになれば直言する。部下の鑑《かがみ》ともいえる武将だろう。部下にしたい武将の第1位に選ばれるべくして選ばれた人物なのだ。

白石市愛宕山にある片倉家御廟所。景綱から10代までの墓石と石仏が並ぶ。

景綱も参戦した蘆名義広軍と戦った会津磐梯山の麓の摺上原の戦い古戦場跡。

上司にしたい 第2位

100%のイエスマンではなかった秀吉

豊臣秀吉

信長の草履《ぞうり》取りをしていた秀吉は、寒い日、懐で草履を温め信長に差し出した。これは『太閤記』に記された秀吉の出世エピソードのひとつだ。

真偽はともかく、そのような逸話が語られるほど、秀吉の信長に対する忠誠心の示し方があったといえる。おだてに弱い者ならば、こうしたおべんちゃらに舞い上がり取り立て、御家騒動の原因となるだろう。

秀吉の優れたところは信長の性格をわかった上で、ゴマスリとも見られかねない行動をしてしまうところではないだろうか。秀吉のような者を部下にするのは、上司としての力量を問われることでもあると考える。

というのも秀吉は何度か信長の命に「不服従」している。自分ばかりが損をすると思えば、反抗的な態度も取る。そんな扱いづらい面もあったのだ。

大阪城豊国神社の秀吉像。

部下にしたい 第3位

信を置けば必ず応える

竹中半兵衛

勘違いされることが多いが、竹中半兵衛は、秀吉の家臣ではなく信長の家臣。美濃侵攻後、半兵衛は秀吉の三顧《さんこ》の礼に応えて家臣となったとされているが、この頃の秀吉は城持ち武将ではない。外様《とざま》とはいえ半兵衛の方が立場は上であり、秀吉の与力につけられたと考えるのが自然だ。いわば本社で気鋭と評判の部長のプロジェクトチームに、部長自らが誘いをかけた子会社の優秀な若社長（半兵衛は秀吉の7歳年下）がついたようなもの。

半兵衛は秀吉の指示がなくても自分が必要だと思えば先んじて動く性格だった。部下としての使い勝手はいいが、その反面、戦術にしかその興味は向いておらず、その他のことは詳しくなかったともいわれる。

岐阜県垂井町の竹中氏陣屋跡に立てられた半兵衛像。

部下にしたい 第4位

武士のなかの武士と称される

立花宗茂

島津氏が九州統一を目指し筑前に侵攻した際、居城・立花山城に籠もり徹底抗戦。撤退する島津軍を追撃し岩屋城を奪還するなどの武功を上げた。また朝鮮出兵では、窮地に陥った加藤清正を寡兵で救援に向かうなどの活躍を見せ、小早川隆景から「立花家の3000は他家の1万に匹敵する」と評された。

そんな武将だけに、大坂の陣では、徳川家康は宗茂が豊臣家に味方するのを恐れていた。もし、宗茂が大坂城に入っていたなら、天下の動静は大きく変わっていたかもしれないからだ。

部下として「東の本多忠勝、西の立花宗茂」と秀吉に讃えられた有能な武将は晩年、驕《おご》らず誇らず温厚で誠実な性格で、臣民に愛される大名となった。

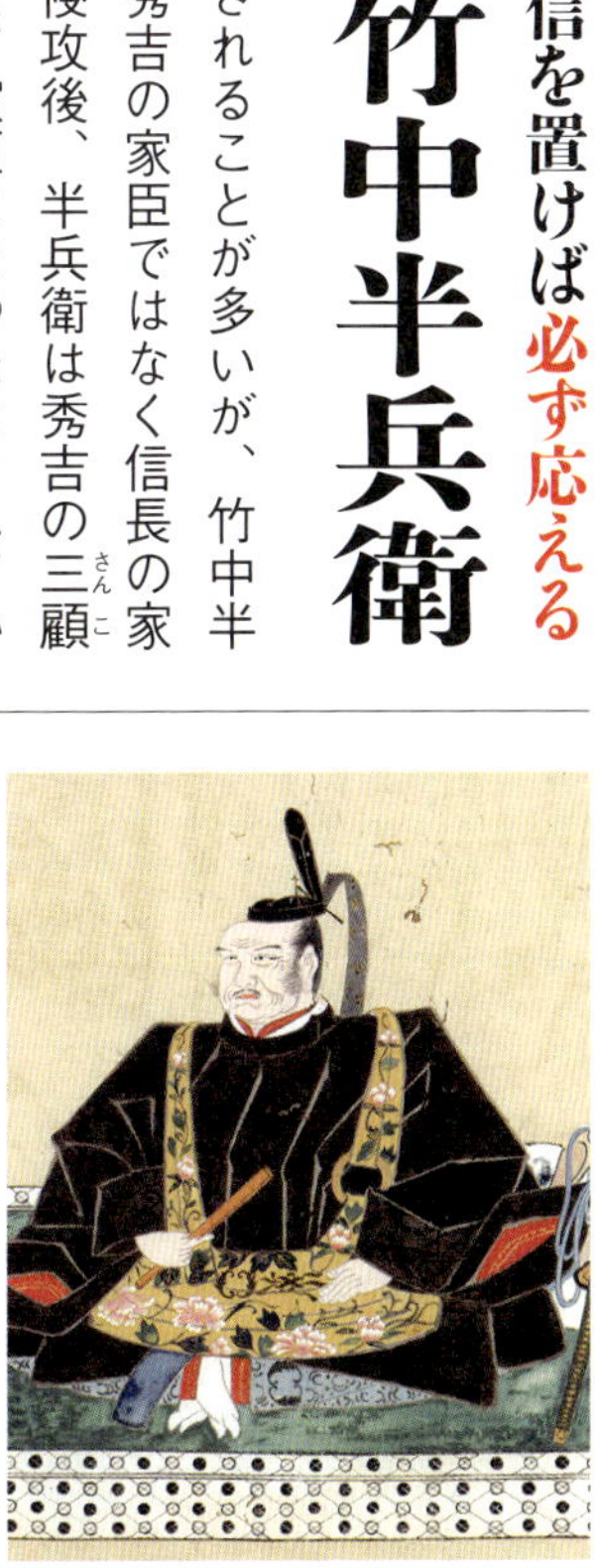

画像提供：東京大学史料編纂所所蔵模写

宗茂は関ヶ原の3年後、陸奥棚倉1万石を与えられ、徳川に臣従した。

女好き戦国武将は誰だ！

古今東西「英雄色を好む」とはよくいわれるが、戦国武将もご多分に漏れない。数いる武将の中から、「女好きだった」と思わせる武将を選んでもらった。

画像提供：国立国会図書館

女好き 第1位

イメージ先行だが女好きは確か 豊臣秀吉

高貴な血筋の美女を何人も側室に迎え入れた

2015年、閉館した「鬼怒川秘宝殿」から展示物の人形複数が盗難にあった。その中には豊臣秀吉が4人の女性との性交を堪能しているシーンを再現した『百《ひゃ》花《か》繚乱《りょうらん》太閤幻夢』も含まれていた。性をテーマにした施設に取り上げられるほど、豊臣秀吉は女好きであったといえる。

秀吉には糟糠《そうこう》の妻・北政所《きたのまんどころ》をはじめ、淀殿、松の丸殿、三の丸殿、月桂院《げっけいいん》殿（嶋姫）、香の前、姫路殿、広沢局《つぼね》、甲斐姫、加賀殿、南局の11人の側室がいた。史料には名前がないが、この他にも側室がいたと考えられている。

その豊臣家を滅亡させ天下人となった徳川家康には正室と継室の他、20人の側室がいた。その多くは寡婦や熟女を側室にしたものだが、家康に女好きというイメージはない。

秀吉が女好きだと思われているのは女性の趣味と側室にした経緯からだろう。秀吉の好む女性は、主筋であったり高貴な血筋を引く美女であった。淀殿は浅井長政と信長の妹お市の方の長女、松の丸殿は淀殿の従妹で名家・京極家の出身、三の丸殿は信長の6女、月桂院殿は足利将軍家の分家で小弓《おゆみ》公方だった足利頼純《よりずみ》の娘、姫路殿は信長の弟信包《のぶかね》の娘、南局は新田氏の一門山名氏出身の娘なのである。

こうした女性を側に侍《はべ》らせたのは、秀吉が小身の出であるという劣等感の裏返しだったと考えられている。

秀吉は美女であれば人妻であっても手を付けた。月桂院殿は下野《しもつけ》の名門・塩屋惟久《これひさ》の妻であったが、奥州仕置に向かった秀吉を恐れ、妻を城に置いて逃げてしまった。城に取り残された月桂院殿の美貌に惚れ込んだ秀吉は、強引に側室にしてしまったのだ。こうした話は他にもある。大坂城下には人質として全国の大名の妻子を集めていたが、美貌の妻たちは秀吉に見初《みそ》められないようわざと醜い化粧をしたり、迫られた時に備え短刀を懐中に忍ばせていたという。

秀吉の女好きは長浜城主となったころから激しくなり、正室の北政所が信長に直訴したことがある。信長は北政所に書を送り、北政所を褒め上げ「藤吉郎（秀吉）はけしからん」と記し、さらに書を秀吉にも見せるようにと結んでいる。主君からたしなめられるほど女性にだらしなかったのだ。

画像提供：東京大学史料編纂所所蔵模写

松の丸殿は京極高次の姉で、高次は「出世したのは姉のお陰」と陰口された。

京都市伏見区の淀古城。淀殿が妊娠すると秀吉は淀城（淀古城）を改築し与えた。

画像提供：東京大学史料編纂所所蔵模写

女好き　第2位

秀吉から「自分を真似るな」と釘を刺された
豊臣秀次

豊臣秀次《ひでつぐ》は秀吉の妹の子に生まれ、血縁が薄かった秀吉の養子となり一時は後継者と見做《みな》されたが、秀頼が生まれたことにより疎《うと》まれ、遂には謀反の疑いをかけられ自刃に追い込まれた。

そんな秀次も伯父・秀吉に負けず劣らず好色であったようで、32人の側室がいたとされる。側室の出自は公卿、大名、武将、足軽、神主、僧など。さらに京都一条通の捨て子や遊女までも側室にしている。関白に叙任される直前、秀吉は「手をつける女は5人でも10人でもいいが、それは屋敷の使い女にしておけ。自分の真似をして屋敷外に女を作ったりはしないように」と釘を刺している。

とはいえ、側室の多くは関白となった秀次との縁を結ぶために送られたと考えられる。権力者になれば女性面で苦労も背負い込んでしまうのかも。

女好き　第3位

若い頃はやりたい放題
大友宗麟

大友宗麟《そうりん》といえば、敬虔なクリスチャン大名として知られる。だがそれは、洗礼を受けてからの話。若き日の宗麟は女好きで知られていた。

鎌倉時代から豊後《ぶんご》と筑後の守護職を任じられた名門大友氏の嫡男として生まれたはいいが、その素行はすこぶる悪かった。城下にふらりと出て、好みの女性を見つけては強引に関係を迫ったという。

将軍拝謁のため京に上ったときも変わりはなかった。プライドの高い京女は九州の田舎守護にハナもひっかけないとわかると、強引な手に出た。見初めた女をかっさらって、モノにした。

よくドラマや漫画などで、地方の権力者や有力者のドラ息子が好き放題するという描写があるが、それをリアルで実行していたのが宗麟だったのだ。

大分市の府内城跡に建てられた大友宗麟の胸像はキリスト教に改宗後の姿で造られている。

column

愛妻家？　それとも恐妻家？ 側室を持たなかった武将たち

正室だけでなく複数の側室を持ち、さらに侍女や端女《はしため》に手を付けることは、戦国時代の武将にとっては当たり前のことだった。これは乳幼児の死亡率が高いため、ひとりの女性だけとしか子作りをしない場合、御家断絶のリスクが高まってしまうからだ。

しかしそんなリスクを承知で、正室しか置かなかった武将たちもいる。ざっと名を挙げれば、明智光秀、竹中半兵衛、黒田官兵衛、山内一豊、立花宗茂、小西行長、蒲生氏郷、高山右近、直江兼続など。

行長、氏郷、右近はキリスト教徒で、教えである一夫一婦制を守ったためだとされている。一豊の妻・千代と宗茂の妻・誾千代《ぎんちよ》は、戦国きっての恐妻とも伝わる。夫は頭が上がらなかったのだ（宗茂は誾千代の死後、側室を置いている）。

また兄弟そろって側室を持たない愛妻家なのが、毛利隆元、吉川元春、小早川隆景。ただ、父・元就も超のつく愛妻家とされるが、妻の死後は側室を持ち子も儲けているところを見ると、ただの恐妻家だった？

戦国一の狡猾なワル武将は誰だ!

正々堂々と勝負して敵に勝とうとする
武将もいるが、勝利のためには
手段を選ばない武将もいる。
ここでは狡猾《こうかつ》だが、どこかちょっと憎めない
“ワル武将”を選んでもらった。

奈良県生駒郡の信貴山城。城に籠もった久秀は名宝平蜘蛛を道連れに自爆した。

ワル武将 第1位

画像提供：国立国会図書館

戦国三大梟雄のひとりとされる 松永久秀

秀吉以上の早さで成り上がり周囲の嫉妬を買った

戦国三大梟雄《きょうゆう》（45ページ）のひとりに数えられる松永久秀が、戦国一の狡猾なワル武将に選出された。

久秀は官位の弾正忠《だんじゅうのちゅう》から「松永弾正」と呼ばれることも多い。その経歴には謎が多く、出身は阿波とも、山城西岡の商人とも、摂津の百姓だったともいわれている。

幕府管領・細川氏に代わり権力を掌握した三好長慶《ながよし》の家臣となり、多数の武功を上げて長慶の重臣となった。長慶の死後は三好一族の長老であった三人衆（三好長逸《ながやす》、三好政《まさ》康《やす》、石成友通《いわなりともみち》）と政権を二分するまでに対立。すると今度は、上洛した信長に通じ、信長が危機に直面した金ヶ崎の戦いでは、近江の朽木《くつき》家を調略して、退路を確保して信長の生命を救っている。

だが一転、久秀は反信長派に鞍替えするも、信長包囲網が崩れるとすぐに降伏。久秀の能力を買う信長は一度は久秀を許すが、しかし石山本願寺攻略戦の途中で久秀が陣を離れると、二度目の裏切りに怒った信長は居城・信貴山城を攻め、追い詰められた久秀は爆死した。

その生涯で久秀は、長慶の嫡男・義《よし》興《おき》の毒殺疑惑、長慶の弟・安宅冬康《あたぎふゆやす》誅《ちゅう》殺《さつ》への関与、足利13代将軍義輝の暗殺、東大寺焼き討ちなど、悪逆非道の限りを尽くしており、ワル武将の名に恥じない（？）活躍を見せている。

ワル武将 第2位

律儀者の皮をかぶる狸親父 徳川家康

織田信長とその家臣・羽柴秀吉のふたりにより定まった天下を、労せず手に入れたのが徳川家康だった。

家康が天下平定に果たした役割は尾張の後背を守り、今川や武田の防波堤となったこと。だが本能寺の変後に織田家中に内紛が起きたときには、ワルの片鱗をみせた。空白地となった武田の旧領である甲斐・信濃を織田の領地を守るためという名目でまんまと掠《かす》め取っている。

秀吉が存命中は「律儀者」と呼ばれるほど擦り寄っていたが、秀吉の死後は、掌《てのひら》を返して政権奪取に動いた。有力大名を取り込む婚姻外交を勝手に進めるなど権力の掌握に努め、その豹変ぶりはまさに〝狡猾なワル〟といっていいだろう。

静岡県の浜松城に建てられた「勝草」を持つ若き日の家康像。

伊達政宗と重臣の伊達成実（右下）、片倉景綱（左下）。

ワル武将 第3位

稀代の英雄とされるが小悪党臭が漂う
伊達政宗

伊達政宗は、一代で浜通り（太平洋沿岸部）を除く福島県、宮城県および岩手県南部にわたる広大な勢力圏を築きあげた希代の英雄とされる武将だ。

だが、豊臣秀吉の惣無事令《そうぶじれい》に違反したため、せっかく獲得した領地を没収されると、新領主の足を引っ張るため一揆《いっき》を扇動し失地回復を狙うが、秀吉にバレて陳謝している。

また、関ヶ原の戦いでは徳川家康の東軍につくことを条件に見返りとして家康から「100万石のお墨付き（新たに授かる7ヶ所を加えると100万石を超える）」の約束状を頂戴するも、それ以上の領土拡大をめざし、コリもせず再び一揆を扇動。戦後これが家康にバレて100万石のお墨付きは反故《ほご》にされてしまった。政宗は、権謀術策はするものの詰めが甘く、どうも小悪党臭が漂ってしまう。

ワル武将 第4位

油商から美濃国主に
斎藤道三

斎藤道三は父とともに油の行商人だったが、知己を得た美濃守護の土岐《とき》家老臣・長井長弘にその才能と武芸が認められ武士となった。主君の子息にお目通りしたとき、長男の土岐政頼は「大事を引き起こす曲者である」と敬遠したが、弟の頼芸《よりのり》は道三の才に感嘆し、目をかけるようになる。

道三は、土岐家中の権力を得るため謀略を仕掛け、長弘夫妻を政務怠慢などを理由に殺害し、長井家を乗っ取る。

政頼が土岐家を継承すると、道三は頼芸を守護職に就かせるため政頼の居城を夜襲。邪魔な政頼を追放し、頼芸を総領にさせた。この功績により道三は土岐家の重臣となり実権を握る。すると今度は、主君となった頼芸を攻撃し尾張に追放、下剋上を成し遂げ国盗りを実現させた。

近年、国盗りは道三とその父により達成されたとされるが、道三が権謀術数を用いて国盗りをした事実は変わりなく、道三が狡猾なワル武将に選出された理由もそこにある。

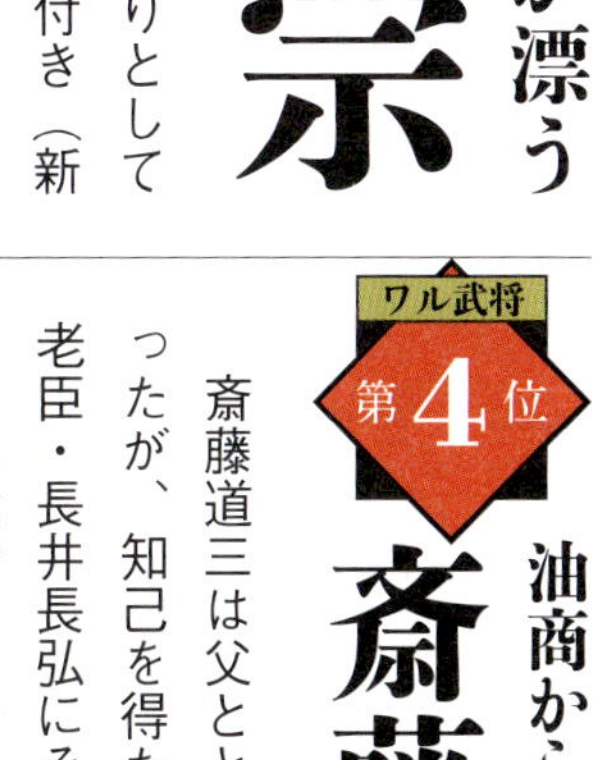

因果応報で道三は息子の義龍に攻められ戦死してしまう。

column

戦国三大梟雄とは？

梟雄とは、「残忍で勇猛であること。あらあらしくて強いこと。また、そのような人。主として、悪者などの首領、かしらをいう」（『日本国語大辞典』小学館）とある。「斎藤道三、宇喜多直家、松永久秀」が戦国三大梟雄とされるが、一方「北条早雲、斎藤道三、松永久秀」の3人を日本三大梟雄と呼ぶ場合もあるようだ。ただ、久秀と道三は両方で選ばれており、このふたりこそ、「ワル中のワル」かもしれない。

だが、他のふたりの武将もなかなかの梟雄だ。宇喜多直家は、備前の戦国武将浦上家の家臣であった祖父が内紛により暗殺されている。その後、浦上家臣団の中で頭角を現し、祖父の敵を暗殺。さらに舅や縁戚関係にあった武将を暗殺や謀略により没落させ、その遺領を取り込み、ついには主君を打倒し、大名として独立した。

北条早雲は、下剋上の先鞭《せんべん》をつけたとされる武将だ。足利幕府に仕えていたが、縁を頼り駿河の今川氏に取り入り、関東の擾《じょう》乱《らん》に乗じて伊豆・相模を切り取り、北条家の初代となった。

戦国を代表する名軍師は誰だ!

もともと軍師は占星術や易などを用い、合戦を占う者のことだった。だが、戦国時代になると、戦国大名に仕え戦略、戦術を立案する“名参謀”が軍師の役割となった。そんな軍師ナンバー1をここに選出。

名軍師 第1位

黒田官兵衛

秀吉から警戒されていた知謀の持ち主

その才能を恐れられ大守となれなかった智将

竹中半兵衛と並び「秀吉の両兵衛」と称され、家康からは「今世の張良《ちょうりょう》（漢成立時の軍師）なるべし」と評された黒田官兵衛が、名軍師第1位に輝いた。

官兵衛は播磨の小寺家に仕えた重臣の息子であったが、主君を説得し、信長に付くことを勧めた。岐阜城で信長に謁見した折には、播磨攻略の戦術を説き、信長の歓心を買った。

天正10年（1582）、毛利氏に属する備中高松城を水攻め中、本能寺の変の報せが秀吉に届くと、官兵衛は「これで秀吉殿の御運が開けましたな」と告げた。そして、街道を封鎖させ情報を遮断。その上で、毛利との和睦をまとめると、山城・山崎まで約200キロをおよそ7日間で走破する中国大返しを成功させる。この電光石火の行軍で明智光秀を滅ぼしたことが、秀吉の天下取りの足がかりとなった。

その後、秀吉の四国、九州征伐にも参軍。調略により諸将を陥落させるなどの武功を上げるが、秀吉から与えられたのは豊前中津12万石だけ。同時期に小早川隆景が筑前・筑後・肥前1郡の37万石余を与えられたことと比較してもかなり低い。だがこれは、官兵衛の才能が秀吉から警戒されていた証《あかし》でもある。

関ヶ原の戦いでは、隠居して中津城にいたが、蓄財をはたいて領民を集め、九州の西軍を攻めている。東西の戦いが長引けば中国まで攻め上がることを考えていたが、本戦が1日で決着したため、官兵衛の野望は潰《つい》えた。「100万石も与えれば途端に天下を奪うだろう」と秀吉に称された男の本気の一端がわずかに見えた瞬間だった。

中津城の、官兵衛時代（右）と細川時代の石垣。官兵衛の築城技術が光る。

名軍師 第2位

上杉家の内政・外交を仕切った家宰 直江兼続

直江《なおえ》兼続《かねつぐ》は、上杉景勝《かげかつ》の右腕として上杉家の内政・外交に辣腕《らつわん》を振るった。上洛を催促する家康に対し、挑発する「直江状」を送り、関ヶ原の戦いの端緒となったことはよく知られている。

ただ、兼続は関ヶ原の戦いの前哨戦で、最上氏の長谷堂《はせどう》城を攻めたが、城兵の頑強な抵抗に遭い、城を攻め落とせなかった。政務ほど合戦指揮は得意ではなかったようだ。それでも、伊達・最上の援軍が到来後の撤退戦で、大きな被害を出しながらも撤退を成功させた兼続の采配ぶりは、敵将が感心するほど見事なものだったという。

兼続は戦場での采配より、戦場周辺の状況を整え攻略をたやすくすることに長《た》けていた。新田開発をするため川をつけかえたことで、今の米沢市の発展の基礎を作るなど、後世に与えた影響は少なくない。

名軍師 第3位

啄木鳥戦法は愚策だった？ 山本勘助

生没年：不明～1561年

永禄4年（1561）9月、武田信玄と上杉謙信が激突し、第四次川中島の戦いが起こった。この戦で武田家の軍師とされる山本勘助は「啄木鳥《きつつき》戦法」を提案した。別働隊を編成し、妻女山に陣する上杉軍に朝駆けさせる。上杉軍が山から下りたところを平野部に布陣した信玄の主隊と挟撃させるというもの。

別働隊の役割を木に潜る虫を樹皮を啄《つつ》いて這《は》い出たところを食う啄木鳥に模したところから「啄木鳥戦法」と命名した。

この戦術は、事前に武田軍の動きを察知した謙信が、先んじて軍勢を川中島に夜間行軍させたため不発に終わり、両軍の主隊が激突、乱戦となり勘助は討ち死にしてしまう結果となった。

失敗はしたものの、作戦自体は合理的で、勘助の軍師としての能力は高いと評価されている。

しかし、勘助が軍師として知られているのはこの一戦のみ。一時はその存在自体も疑われたほど、勘助に関する史料は少ないが、伝説的な名軍師としての人気は高い。

画像提供：国立国会図書館

第四次川中島の戦いで勘助が討ち死にするまで、鬼の形相で戦い続けた様子が錦絵に描かれている。

死に様が見事な戦国武将は誰だ！

戦うことを常とした戦国時代。多くの合戦が行なわれ、多くの武将が命を落としている。
ただその中で、後の世"あっぱれ"と評価される死に様をみせた武将を評価する。

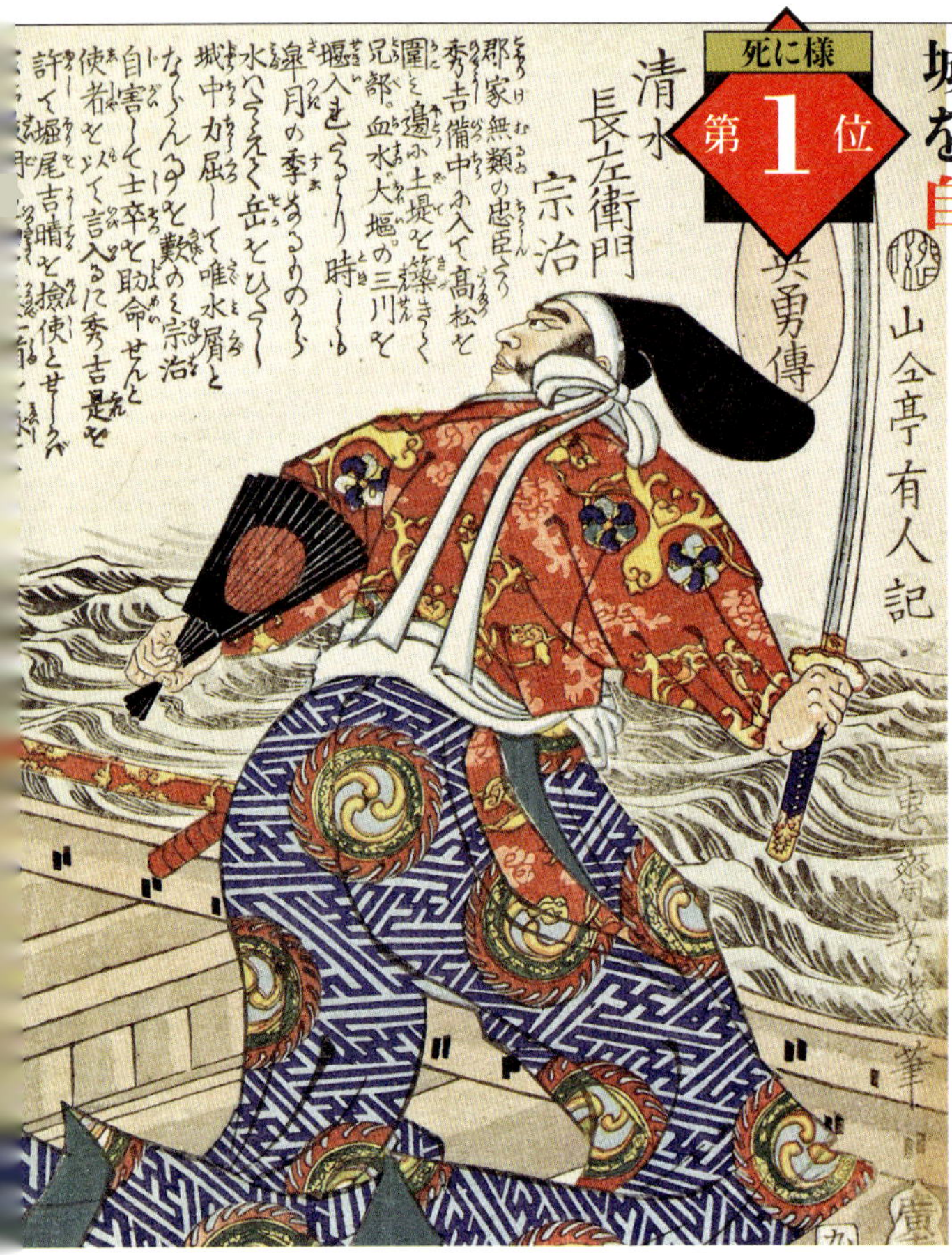

死に様 第1位

城兵の命を守るため自刃した 清水宗治

生没年：1537〜1582年

その見事な死に様に秀吉も賛辞を惜しまず

「浮世をば今こそ渡れ武士《もののふ》の名を高松の苔《こけ》に残して（あの世へ向かう時が来た。武士としての名を高松に苔がつくほどに永遠に残そう）」。

これは、天正10年（1582）6月4日、城を囲む水上に小舟を漕ぎ出して舞った後、切腹して果てた備中高松城主・清水宗治《むねはる》の辞世の句だ。

宗治は、毛利氏と同盟を結ぶ備中の大名・三村氏の重臣（三村氏譜代・石川氏の重臣説もある）だった。だが、毛利氏が三村氏と敵対する宇喜多直家《うきたなおいえ》と同盟を結ぶと、毛利氏と三村氏の間で「備中兵乱」が起こってしまう。この時宗治は三村氏を離反し、小早川隆景を頼って毛利氏の配下となり勝利に貢献した。だが、織田信長の中国攻めが開始されると、備前と備中の国境地帯にある居城・備中高松城が攻防の舞台となる。

羽柴秀吉が進攻を開始すると、宗治は約5000の城兵とともに籠城し、再三の攻撃を跳ね返していく。

そこで秀吉は周辺の小城をひとつひとつ落としていき、宇喜多秀家《ひでいえ》軍と合わせ約3万の軍勢で城を包囲。だがそれでも沼地に囲まれた堅城は落ちず、ついに奇策・水攻め（80ページ）を開始した。

おりからの長雨もあり、城は見事に水没し、城の備蓄食糧も流されてしまう。飢えも手伝い落城は間近と思われたが、秀吉の開城要請にも応じようとしない。

だがこのとき、信長の横死を知らせる密書が届くと、それを秘匿したまま毛利氏との和睦交渉を急いだ。秀吉は、城主・宗治の切腹を条件に開城を要求するが、毛利氏は「宗治の切腹は応じられない」と一度は拒否する。

だが、毛利氏の使者として訪れた安国寺恵瓊《えけい》が、「5000の命の、身代わりになってくれ」と、宗治に頭を下げると、籠城する城兵たちの辛苦を思い、ついに開城を決意。やがて宗治は、敵将の秀吉からも絶賛された見事な所《しょ》作《さ》で切腹を遂げた。後に、この時の宗治の切腹の作法が、正しい切腹の作法として受け継がれていくことになる。

その後の秀吉の運命と、日本の歴史を変えたともいえる、ひとりの武将の見事な死に様が第1位に選ばれたことに、文句をつける者はいないだろう。

首を落とされた宗治の身体を埋葬した「胴塚」が城址の側の民家の庭先に残されている。

死に様 第2位

高橋紹運

敵将も命を惜しんだ猛将

高橋紹運《じょううん》は大友氏重臣で岩屋・宝満両城の城督に就任。同じ大友氏の家臣・立花道雪とともに各戦線で活躍した。

九州統一をめざす、島津軍6万が筑前に迫ると、城兵700とともに岩屋城に籠城。城の守りを固める。

猛将・紹運の命を惜しんだ島津軍は、和議を申し入れたが、紹運は「主家は裏切れない」と固辞してしまう。自身が籠もる城が落ちれば、次に島津軍が狙う城は、同じ筑前の立花山城。この城は紹運の息子・立花宗茂が守っている。紹運は息子の命を守るためにも開城はできなかったのだ。

半月に及ぶ島津軍の猛攻に、抵抗もこれまでと悟った紹運は残存兵と奮戦。最後は高櫓に登り、死に様を敵に見せつけるように見事に腹をかっさばいた。

福岡県太宰府市の岩屋城二の丸跡に残る高橋紹運の墓。

死に様 第3位

明智左馬助

文化財を守ろうとした智将

生没年：不明～1582年

明智左馬助は、明智光秀の娘婿。山崎の戦いでは、東方の押さえとして近江・安土城を守っていた。

明智軍の敗報が届くと左馬助は光秀の本拠・坂本城をめざすが街道は織田軍に押さえられ進めず、そのため琵琶湖に馬を乗り入れ、見事に対岸まで渡りきったという逸話が残る。

苦心の末、坂本城に入るが、残存兵は少ない。城を織田軍に包囲されると使者を出し「城内には大切な文化財があるので、それを引き取ってくれないか」と申し出た。

これには攻め手も感心し、左馬助に投降を迫る。しかし、それに応じず、文化財を織田軍に引き渡すと戦闘を開始。やがて自ら城に火を放ち、燃え盛る炎に包まれながら自刃して果てた。

画像提供：国立国会図書館

坂本城をめざして愛馬にまたがり琵琶湖を渡る明智左馬助。

死に様 第4位

後藤又兵衛

命を惜しまず突撃し果てる

黒田氏の重臣だったが、主君の長政と仲違いし、1万6000石の所領を捨て出奔していた。大坂の陣が迫ると、そんな又兵衛を豊臣氏は、侍大将として迎え入れる。

夏の陣では徳川軍を迎撃するため出撃するが、真田幸村ら後続隊が濃霧で遅参。そのため、約3万5000の徳川軍に対し又兵衛は3000に満たない軍勢で対峙することとなる。

小松山に陣取った又兵衛は、必死の抵抗を見せ、寄せる徳川軍を撃退。だが、数でまさる徳川軍に押され始めると、敵陣に突撃し壮絶に果てた。

死に様 第5位

鬼庭左月斎

合戦で燃え尽きた老将

鬼庭《おにわ》左月斎《さげつさい》は、伊達政宗の祖父・晴《はる》宗《むね》の代に仕官。父・輝宗《てるむね》、政宗と3代にわたり伊達家に仕えた重臣だ。

天正13年（1585）11月17日、二本松城を包囲する伊達軍に常陸《ひたち》の佐竹義重が迫り、人取橋《ひととりばし》の戦いが起こる。

だが、伊達軍7000に対し佐竹軍は約3万。数に押され政宗も負傷すると、左月斎はここを死に場と決意。政宗を逃すべく老骨に鞭打ち、60余騎を率いて突撃。200以上の首を討ち取り、その間に政宗を無事に脱出させることに成功。だが、自身はついに命を落としてしまう。享年は73だった。

column

武将にとって切腹とは？

日本人にとって切腹は、遠い過去のできごとかもしれない。だが、記録に残る最後の切腹を調べてみれば、昭和54年（1979）5月25日、国家主義者で歌人の影山正治が切腹した後、散弾銃により自決した。また、昭和45年（1970）11月25日には、作家・三島由紀夫が市ヶ谷の自衛隊駐屯地で切腹している。このように切腹は、時代劇の中の話だけではない。

切腹の歴史を辿ると、平安時代の永延2年（988）に、貴族階級の出ながら盗賊にまで身を落とした藤原保輔《ふじわらのやすすけ》が、捕縛直前に、腹を切ったが死にきれず、翌日になり獄中で死去した。これが記録に残る最初の切腹だ。その後、武士の台頭とともに、「名誉ある死」が求められるようになるが、戦国前期までは、入水自殺や刺し違えなども多く“死ぬこと”に重きが置かれていたようだ。それが、48ページで紹介したように、備中高松城主・清水宗治が衆人環視のなか行なった、あまりにも見事な切腹が豊臣秀吉を始め多くの武将の心を打った。その後、切腹は武士道と結びついていく。

戦国一の築城名人は誰だ!

大軍を率いて出陣するには、道路整備や陣の構築など、土木工事が必須だ。武将の中には、そんな土木工事の技術を生かし、城造りに長けた築城名人と呼ばれる者がいた。

清正が築いた天守台だけに、美しい反りが特徴の愛知県・名古屋城天守石垣。

築城名人 第1位 加藤清正

美しい石垣を築かせたら天下一の名人

加藤清正といえば、若い人にとっては明治神宮のパワースポット「清正井」かもしれないが、ある程度の年齢の方にとっては、やはり「虎退治（31ページ）」と「築城名人」だろう。

　ただ、人が清正を「築城名人」と評する割には、築城した城は多くない。朝鮮の役に出陣中に築いた城を除けば、普請奉行（黒田長政ら数名のひとり）だった肥前・名護屋《なごや》城ほか、天下普請で石垣を担当した江戸城があるぐらい。他はすべて設計指導や改築や増築を手伝った程度で、「正にこれぞ清正の城」と呼べるものは、熊本城と天守台を築いた尾張・名古屋城ぐらいだ。そのため、熊本城の完成度の高さから、「築城名人」の称号を得たと思われる。

　熊本城の特徴は、「武者返し」と呼ばれる石垣造りにある。この石垣は、清正が近江から率いてきた石工集団・穴太衆《あのうしゅう》の手によるものだ。石垣下部は傾斜が緩やかで、上部に向かうほど急角度になり、侵入者を阻んでいる。ただ、熊本城が建つ場所は、地盤が軟弱なため、安定を増すためにこのような形状にしたとの説もあるが、見事な石垣に変わりはない。熊本城が、日本三名城のひとつ（評価基準によって異説あり）とされるのも、城を囲む石垣の見事さが評価されたものだろう。

　熊本城は、先の熊本地震で大きな被害を出してしまったため、その様子に心を痛めている方も多い。皆、早期の復興を望んでいるのだ。そうした思いも加藤清正が築城名人の第1位に選ばれた理由のひとつかもしれない。

画像提供：国立国会図書館

築城名人 第2位 藤堂高虎

築城数だけなら戦国一か？

築城数の少ない加藤清正に対し、藤堂高虎は多くの城を残している。

　代表的な城だけでも、伊予の宇和島城、今治《いまばり》城、大洲《おおず》城、伊賀上野城、伊勢の安濃津《あのつ》城（津城）など。これに縄張りや普請に参加した城を含めると20城は下らない。

　高虎の城は水城も多く、さらに水堀に面した石垣の下に犬走り（細い通路）を造るのが特徴となっている。

築城名人 第3位 黒田官兵衛

縄張り名人として活躍

黒田官兵衛は、どちらかといえば「築城名人」というより「縄張り名人」だろう。自身で築城した城は、豊前・中津城（94ページ）ぐらいか。

　ただ、縄張りを担当した城といえば、肥前・名護屋城、筑前・福岡城、安芸・広島城、讃岐・高松城、そして摂津・大坂城と名城が並ぶ。しかもすべて、自然の地形を活かした城ばかりで、官兵衛の着眼点の確かさが分かる。

運に見放された戦国武将は誰だ!

「運も実力の内」との慣用句にもあるように、
天下を取るような武将は天運すら味方につけている。
その反面、まったく運に見放された武将もいる。
さてどの武将が選ばれる?

関ヶ原の戦いで三成が陣を張った笹尾山陣跡。

不運 第1位

石田三成

戦国武将は運も実力の内か?

運に見放された武将の、第1位には石田三成が選ばれている。

三成は、秀吉亡き後の豊臣家を支え、天下簒奪《さんだつ》に動いた徳川家康と対立すると、豊臣家のために挙兵して徳川家康と関ヶ原で対決。だが、ふと見渡せば家康の東軍には、加藤清正、福島正則、黒田長政など秀吉恩顧《おんこ》の武将ばかり。さらに、秀吉の義理の甥・小早川秀秋などの裏切りにも遭い敗北。再起をめざして逃れるが捕縛され、京で斬首された。

三成の人生を振り返ると、天下人となる秀吉に認められ小姓として仕えるなど、運は人一倍よかったはずだ。しかし三成の、人の気持ちを思いやれない性格が運を遠ざけ、災いを呼ぶ。

関ヶ原の戦いでも、人望のなさから裏切りにも遭うが、敗因はそこだけではない。立花宗茂や毛利秀包《ひでかね》といった戦上手の武将が、前哨戦の大津城攻めで足止めされず、本戦に間に合っていれば……秀秋の離反もなく歴史は大きく変わっていたはずだ。三成は、天運に見放されてしまっていたのだ。

不運 第2位

柴田勝家

運もなかったが読みも甘い

運がない武将の第2位には、織田家家老・柴田勝家が選ばれた。

勝家が選ばれた理由として、「本能寺の変後、すぐに京へ戻れなかった」、「清洲会議に盟友・滝川一益《かずます》が出席できなかった」、また賤ヶ岳の戦いでは「領国が雪に閉ざされ動けなかった」などが挙げられるが、滝川一益の件以外は勝家の読みの甘さもあり、運がなかっただけでは片付けられない。

不運 第3位

内ヶ島氏理

巨大地震に巻き込まれた

内《うち》ヶ島氏理《しまうじまさ》という、全く無名な武将が、なぜか第3位に選ばれた。

佐々成政が羽柴秀吉に攻められると援軍として越中に遠征。その留守中に、居城を奪われてしまうが、秀吉と和睦し所領を安堵された。だが、居城・帰《き》雲城《うんじょう》で和睦成立の宴を開催中、巨大地震による山崩れが発生し、帰雲城もろとも一族郎党が一夜にして滅亡した。まさに運が悪いとしかいえない人生だ。

その存在が怪しい戦国武将は誰だ!

江戸時代の末期に、軍記物を語る講談が大衆の人気を博すようになると、戦国武将もヒーローとして扱われた。次第に、実在する武将に関する、ちょっと眉唾《まゆつば》な話が創作されてくる。

半蔵が開基した新宿区の西念寺には半蔵の墓が残されている。

怪しい 第1位

伊賀忍者の組頭となった武将 服部半蔵

画像提供：国立国会図書館

半蔵は伊賀の出身だが武将として家康に仕えた

服部半蔵といっても、ひとりの人物の名前ではない。代々「半蔵」を名乗る服部半蔵家の当主を指している。そのため、今回のアンケートで選ばれた服部半蔵とは徳川家康の伊賀越えにも従った、2代目服部半蔵正成のことである。

江戸城に通じる門のひとつ「半蔵門」は、服部半蔵の屋敷が門前にあったことから名付けられている。こうしたことから、服部半蔵が実在していたことは間違いない。ただ一般的な認識として、伊賀忍者の頭領として描かれる服部半蔵は、後世に実像を膨らませた創作といえるのだ。

半蔵の父、服部保長は伊賀北部を領する千賀地氏の総領だった。つまり伊賀忍者の上忍の家だ。ちなみに忍者というとなんだか怪しく思えるが、城下に忍び込み情報を集める、今でいう産業スパイのような役目だった。

だが生活に困窮したため伊賀を去り、縁あって三河の松平氏（後の徳川氏）に仕えることとなった。半蔵も家康の家臣として出仕。初陣で伊賀忍者を使い夜襲をかけるなどの武功を挙げ、その後も数々の戦に出馬、「鬼半蔵」の異名を持つ勇猛な武将に育った。

本能寺の変が起こり、堺に遊行していた家康一行は命の危機を感じた。家康は三河に帰るため治安が安定していない伊賀を抜けることを決意。一行に帯同していた半蔵は、縁故を頼り伊賀者を雇い、これを護衛として家康の帰参を助けた。

伊賀者はその後、家康に臣従し、半蔵はその組頭に任じられた。このため半蔵が徳川に組み込まれた伊賀忍者の頭領となったと思われたようだ。

怪しい 第2位

武田忍びを率いた 出浦盛清

ドラマ「真田丸」で知名度を上げた出浦盛清《いでうらもりきよ》は実在の人物で、元々は信濃国の村上氏の家臣だったが、その後、武田氏、真田氏に臣従し忍者を統率したと伝わる。

真田氏が支配する岩櫃《いわびつ》城周辺の山々は古来、修験者が修行する場とされ、修験者から野山を駆ける修験道独自の技術が伝授されたようで、盛清もそんな技術を会得したひとりだった。

怪しい 第3位

甲賀忍者の名家出身 望月出雲守

「伊賀の服部、甲賀の望月」と並び称される望月氏は、甲賀の名家甲賀五十三家のひとつで、甲賀忍者を指導する立場にあったとされる。

望月出雲守《いずものかみ》は、甲賀流だけではなく伊賀流にも多くの部下を持ち、霧を扱わせたら右に出るものがいない忍者だった。こう書くと怪しさ満点だが、出雲守は実在し、その屋敷跡は忍者屋敷として甲賀市に現存している。

「鶴翼の陣」を採った家康軍に対し、信玄軍は消耗戦に強く情報伝達も早い「魚鱗の陣」で迎え撃ち圧勝。

本郷チェック 歴史の転換になった合戦の総括

第1位から第5位までは、順位は別として入って当然の合戦だよね。第3位の長篠の戦いは軍事革命。そうじゃないって人もいるけど、この合戦から戦術が変わったのは間違いない。その他は、合戦の後で政治が変わった合戦だしね。ただ同率5位に、三方原の戦いが入ったのは不思議だけど……う～ん家康が生き残ったのが評価されたのかな。死んでいれば、江戸幕府は開かれないしね。

「元亀三年十二月味方ヶ原戦争之圖」。三方原で攻め寄せる武田軍から家康を守った徳川四天王の本多忠勝と榊原康政の姿が描かれている。

飢えた人々が人肉を喰らった
凄惨な籠城戦「鳥取の渇《かつ》え殺し」

陰惨な合戦 第1位

鳥取城の戦い

羽柴秀吉 約2万 VS **吉川経家** 約4000

合戦日：天正９年（1581）６月～10月25日　**主戦場**：因幡・鳥取城（鳥取県鳥取市）
勝敗：羽柴秀吉軍の勝利

凄絶を極めた陰惨な合戦

戦国合戦ランキング③

画像提供：国立国会図書館

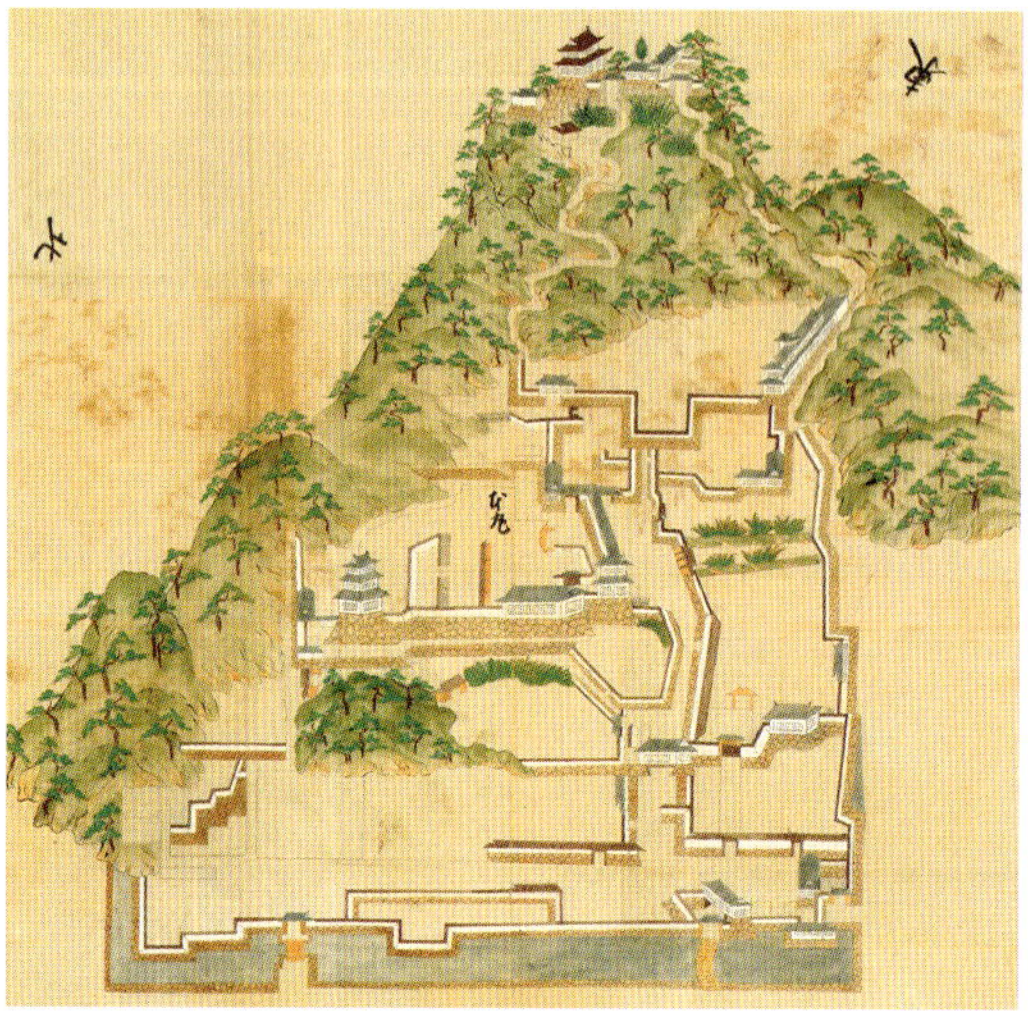

「因幡国鳥取城図」。江戸中期～後期頃に描かれた鳥取城の縄張り図。

毛利の重臣・吉川経家が秀吉に降伏して開城！

天正9年（1581）に羽柴秀吉によって行なわれた鳥取城の戦いは、日本史上、もっとも凄惨《せいさん》な籠城戦《ろうじょうせん》であったといえるだろう。

天下統一をめざす織田信長の命を受けて、秀吉軍が中国地方に押し寄せたとき、鳥取城主を任されて秀吉軍と対峙したのは、この戦いのために城主となった毛利家の家臣・吉川経家《きっかわつねいえ》だった。だが、経家が鳥取城に入ったときには、すでに秀吉の作戦は進行していた。秀吉の密命を受けた若狭の商人たちを鳥取城下に潜入させ、異様なまでの高値で米を買い占めさせた。

これを秀吉の企みだと見抜けなかった毛利方の家臣たちは、鳥取城に備蓄していた大切な兵糧米《ひょうろうまい》まで売り払ってしまった。さらに秀吉の作戦は事前に兵糧を買い占めることだけではなかった。秀吉は兵に農民や町民を追い立てさせ、多くの人々を鳥取城に逃げ込ませた。そのため経家は、秀吉軍に包囲された後、わずかな兵糧だけで籠城することとなる。

鳥取城内では、残された兵糧を多くの人々が奪い合う結果となり、あっという間に飢餓《きが》が蔓延《まんえん》。米や家畜、その他の動物、植物、根っこ、ありとあらゆる物を食べつくした城の人々は、ついに死んだ人間の肉を食すまでに追いつめられていく。飢えの苦しさから城外に飛び出し、包囲する秀吉軍に助けを求める者たちは、待ち構えていた秀吉軍に容赦なく撃ち殺される。するとその死肉を、城内の飢えた人々が食べるという、まさに地獄絵図である。

この凄惨極まる事態に、城主・吉川経家はついに自分の命と引き換えに城内の人々の助命を懇願し、これが受け入れられると降伏。命を惜しんだ秀吉の反対を押し切って、切腹した。

日本史上、もっとも凄惨な籠城戦は、城主の切腹をもって終結した。

右／山下ノ丸天球丸跡。江戸時代後期、石垣を補強するために巻石垣と呼ばれる球状の石垣（復元）が築かれた。
左／久松山の山頂に築かれた山上ノ丸天守跡。鳥取城の戦い以前の天正元年（1573）には、すでに天守が建てられていた。

選考理由
- 多くの人が飢え死にした
- 食料が底をつき飢えに苦しむ人々が人肉を喰らったから

鳥取城を包囲する秀吉軍。吉川経家は、秀吉軍の包囲を前に４ヶ月間籠城をし続けたが、城内の人々の命と引き換えに切腹した。

陰惨な合戦

第2位

三木城の戦い

「三木の干殺し」と呼ばれた陰惨な籠城戦

羽柴秀吉 約3万
VS
別所長治 約5000

合戦日：天正6年（1578）2月～天正8年（1580）1月17日
主戦場：播磨・三木城（兵庫県三木市）
勝敗：別所氏の滅亡

播磨三木城の別所長治 秀吉の包囲網に敗れる

三木城の戦いは、織田信長の家臣であった羽柴秀吉が、毛利方に寝返った播磨の別所長治を攻略した戦いだ。「鳥取の渇え殺し」「高松城の水攻め」と並ぶ秀吉の三大城攻めのひとつであり、本格的な攻城戦としても有名だ。

播磨・三木城主であった別所長治は、当初は信長の味方だった。だが低い身分から台頭してきた秀吉と馬が合わず、信長を裏切って三木城に立て籠もった。信長から三木城の攻略を命じられた秀吉は、周辺の支城を攻略し三木城を孤立させ、完全に城を包囲した。

そのため、三木城に確保されていた食糧はまたたく間に底をつき、城内には餓死者が続出する。鳥取城のように「人の肉を喰らう」ところまではいかなかったようだったが、食べるものがなくなり、やがて蛇やネズミ、さらには壁の中に塗り込められていた藁《わら》までも食した、悲惨極まる籠城戦であった。

頼みとする毛利からの援軍も来ず、観念した長治は、自らの命と引き換えに城兵らの助命を嘆願。そしてそれが秀吉に受け入れられると、妻子やふたりの弟と共に自害した。

三木城の戦い布陣図

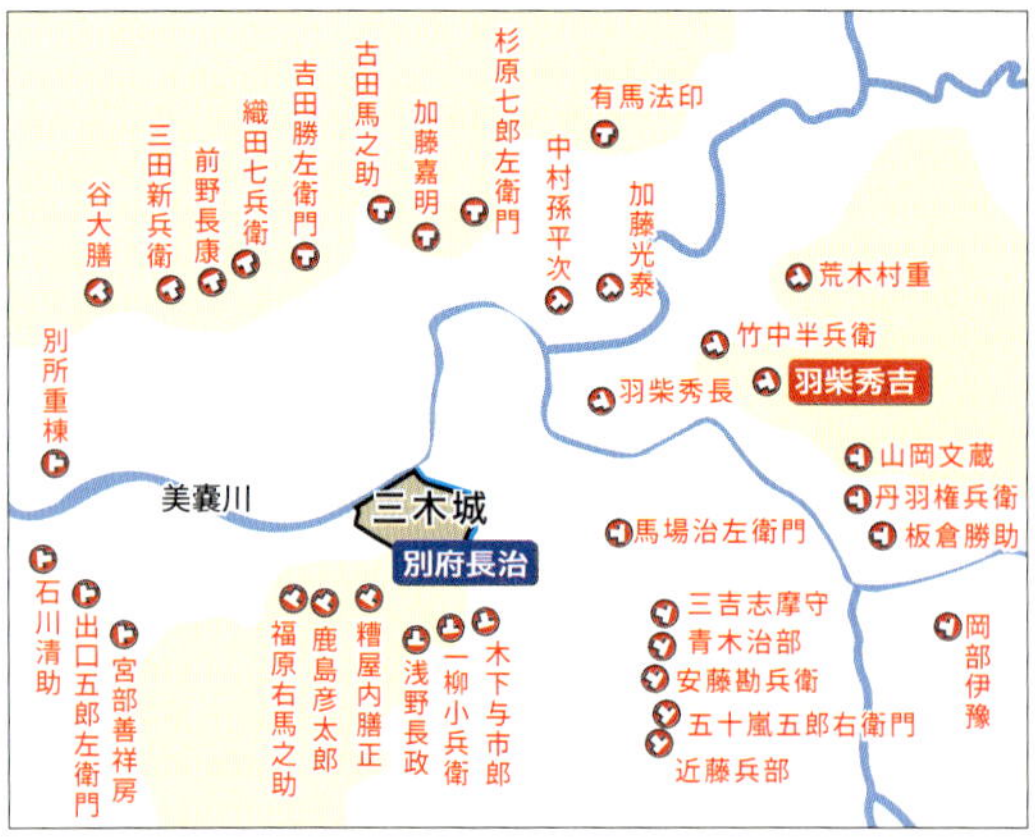

秀吉が陣を張った平井山から見た長治が籠城する三木城。周囲は秀吉軍により完全に封鎖された。

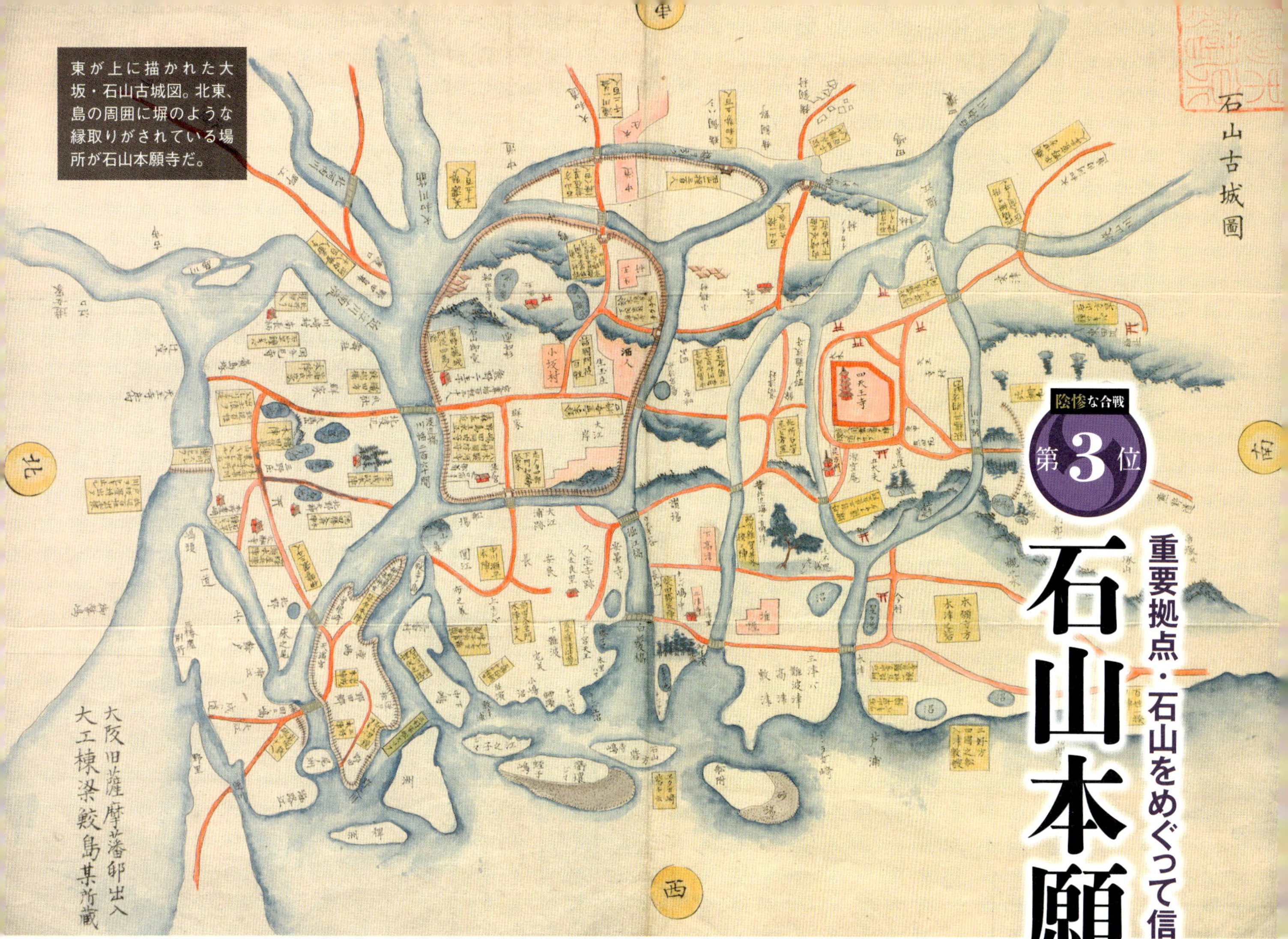

東が上に描かれた大坂・石山古城図。北東、島の周囲に堀のような縁取りがされている場所が石山本願寺だ。

画像提供：国立国会図書館

陰惨な合戦 第3位

重要拠点・石山をめぐって信長と法主顕如が激突する！

石山本願寺の戦い

織田信長 約4万 VS **本願寺顕如** 約5万

合戦日：元亀元年（1570）9月12日～天正8年（1580）8月2日
主戦場：摂津・上町台地
勝　敗：講和により織田信長軍の勝利

10年に及ぶ戦いの末 本願寺は引き渡された

石山本願寺は、貿易や交易の拠点であり、中央を統一する上で欠かすことのできない重要な位置にあった。この地に目をつけた織田信長は、将軍・足利義昭を擁して石山本願寺の法主《ほっす》・顕如に圧力をかけ、多額の寄付金を要求。さらには本願寺を移転させ、石山を渡すよう命じた。これに危機感を募らせた顕如は、「本願寺の危機だ！」と全国の本願寺勢力（一向宗）に檄《げき》を飛ばし、信長に攻撃をしかけた。

顕如の呼びかけに呼応して、日本各地で一向宗が立ち上がり、一揆をおこす。さらには瀬戸内を支配していた村上水軍を味方に引き入れた毛利軍が、石山を信長に奪われてなるものかと本願寺勢に加勢。本願寺勢力と信長軍は、熾烈《しれつ》な争いを繰り広げた。

やがて信長は各地で決起した一向一揆をひとつずつ鎮圧し、本拠となる石山本願寺への攻撃を開始する。だが、海から毛利水軍が援助をするため本願寺勢力はなかなか屈服せずに、戦況は膠着《こうちゃく》状態に陥った。そこで信長は、まず毛利水軍を追い払うために、巨大な鉄の船を開発し、毛利軍を攻撃。次いで石山本願寺を包囲して、過酷な兵糧攻めを行なった。自らの負けを悟った顕如は、ついに信長方からの和議を受け入れ、城内の人々の命と引き換えに、石山本願寺を信長に引き渡した。

本郷チェック

凄絶を極めた陰惨な合戦の総括

第3位の石山本願寺の戦いだけが不思議だ。これより長島の戦いの方が陰惨だと思うけど。第1位の鳥取城の戦いも、最後まで生き残った者は食べ物を与えられ助かってるんじゃないかな。攻め手は死んでないしね。陰惨というなら伊達政宗のなで斬り※注の方が陰惨だよね。あと比叡山焼き討ちも。信長って人は徹底的に破壊するんだよね。だから比叡山には古文書などが何も残っていない。

なで斬り：伊達政宗が小手森城攻めで行なった殺戮。城主を始め城兵、さらには城内にいた女や子供を含め、犬までも斬り殺した。このとき約800人が殺害されたという。

戦国合戦ランキング④

天下を揺るがした攻城戦

選考理由
- 戦国最後の攻城戦
- 真田丸で真田幸村が奮戦した
- 家康が撃退された

豊臣家の滅亡を招いた攻城戦！

天下を揺るがした攻城戦

第1位 大坂冬の陣

徳川家康 約20万 VS 豊臣秀頼 約10万

合戦日：慶長19年（1614）11月19日～12月20日
主戦場：摂津・大坂城周辺　**勝敗**：講和により引き分け

幸村の考案した真田丸が徳川の大軍を追い払う！

関ヶ原の戦いに勝利し、江戸幕府を開いた家康だったが、聡明に育っていく豊臣秀頼《ひでより》がいずれ幕府を脅かす存在になることを恐れていた。天下統一を成し遂げたといっても、江戸幕府の基礎は盤石ではない。家康は、自分が生きているうちに豊臣家を滅ぼそうと考え、知恵を絞った。そこで目につけたのが方広寺だ。

秀頼と淀殿は、秀吉の供養として寺社仏閣の修復と造営を行なっていた。慶長19年（1614）に、地震で崩壊した方広寺の修復が完成し大仏開眼《かいげん》供《く》養《よう》を行なうことになったとき、梵鐘《ぼんしゅう》の銘文に目をつけた。

この梵鐘に刻まれた「国家安康《あんこう》・君《くん》臣豊楽《しんほうらく》」の文字を「家康を切って、豊臣が楽しむ」と解釈した家康は、秀頼に言いがかりをつけた。秀頼は弁明したが家康は取り合わず、ここに豊臣と徳川の最後の戦いが始まった。

豊臣軍は日本各地から徳川家に反感を抱く武将や家臣らを大坂城に呼び集め、徳川軍に対抗する。これが、天下を揺るがした攻城戦ランキング第1位に選ばれた大坂冬の陣である。

豊臣方10万の兵に対し、大坂城を包

大坂城の弱点とされる地点に築かれた真田丸。そこをめがけて押し寄せる徳川軍の精鋭部隊。

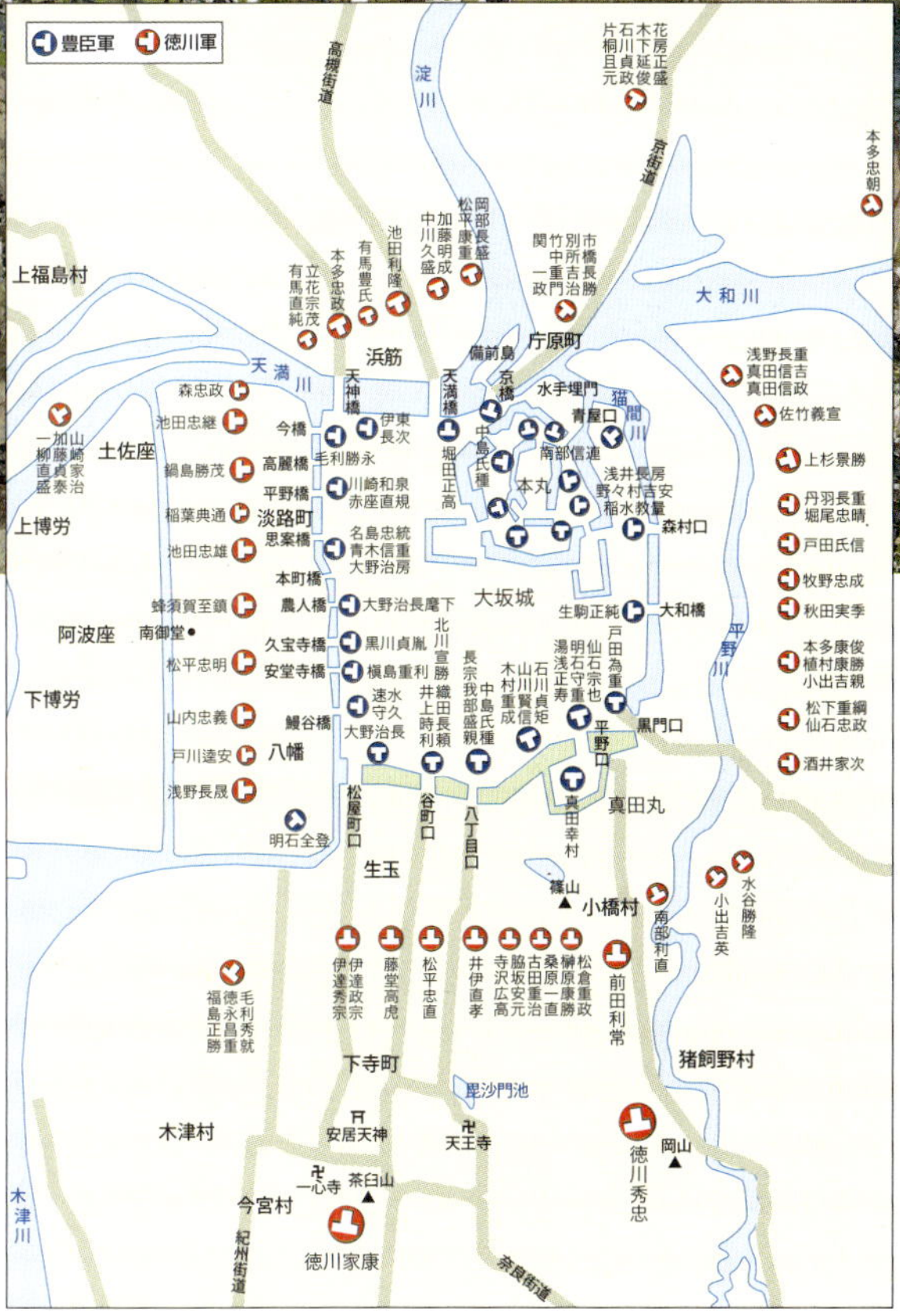

大坂冬の陣布陣図

囲する徳川方の兵力はおよそ20万。戦いは簡単に決着がつくかと思われたが、二重の堀に守られた大坂城はさすがに堅牢であった。さらに真田幸村が、大坂城の南方に出丸・真田丸を築いて徹底的に徳川軍と交戦。徳川軍は幸村勢の策に翻弄されて大打撃を受ける。

ついに大坂城を落とすことを諦めた家康は、豊臣方と和睦を結び、大坂城の惣堀を埋めるという約束を取り付けた。そして豊臣方をだまし、惣堀を埋めるついでに外堀も埋めるという暴挙に出る。

堀を埋められた大坂城は丸裸となり、翌年起こった「夏の陣」で簡単に落城してしまった。

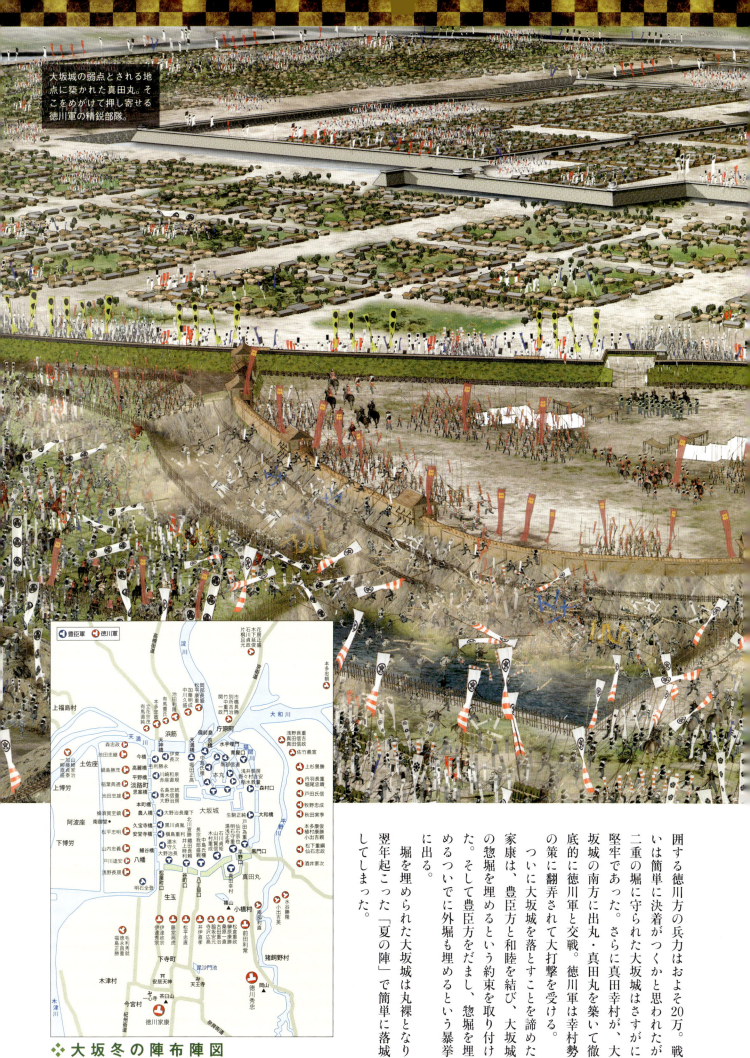

天下を揺るがした攻城戦

第2位

備中高松城水攻め

巨大な高松城が、約188ヘクタールの大湖水に沈む!

江戸時代に描かれた錦絵のため、備中高松城が近代城郭として描かれている。

羽柴秀吉 約3万 VS 清水宗治 約5000

合戦日：天正10年（1582）4月15日〜6月4日
主戦場：備中・高松城（岡山県岡山市）
勝敗：羽柴秀吉軍の勝利

秀吉の名を世に響かせた大規模な水攻め!

天下統一をめざす信長は配下の秀吉に命じて、毛利の勢力下にあった中国地方を侵攻させた。毛利が支配する諸城を順調に落としながら軍を進めた秀吉は、約3万の兵力で、毛利方の要塞・備中高松城を包囲した。

当時高松城を守っていたのは、毛利の配下にあった名将・清水宗治《むねはる》である。宗治が守る高松城の周囲には、深田や湿地が広がり、軍馬での攻撃がなかなかに難しい。途方に暮れた秀吉は、高松城の横を流れる足守《あしもり》川や、高松城が低地にあることを利用して、歴史上あまり例を見ない「水攻め」を行なうことを決断した。

秀吉は、高松城の周囲におよそ3キロに近い堤防をわずか12日で造らせて機会を待った。そして梅雨の大雨で足守川が増水するのを待って、一気に川の水を高松城下に流し込んだ。

怒濤のようにあふれ出る川の水は、やがて高松城の周囲に約188ヘクタールともいわれている巨大な湖を作りだしていく。それまでの攻城戦の価値観を大きく揺るがす、奇想天外な城攻めだった。

巨大な湖の中に取り残されたような形となった高松城には、このとき5000の兵がいた。そのため城内は、食糧難に陥っていく。落城はもはや時間の問題。だがそのさなか、秀吉のもとに、主君・信長が本能寺で明智光秀に討たれたという密書が届く。

驚いた秀吉は高松城に使いをだし、「城主・宗治が切腹をすれば、城にいる者たちの命はすべて助ける」という条件を出して和議を提案。そして宗治がこの条件を呑んで切腹をすると、大急ぎで軍をまとめ、信長を討った光秀を倒すべく、姫路へと撤退していった。

備中高松城を水攻めする際に築いた堤防の一部が「蛙ヶ鼻堰堤跡」として保存整備されている。

本郷チェック

攻城戦ランキングの総括

天下を揺るがした攻城戦ランキングは3つとも、これしかないっていうぐらいに順当だね。文句のつけようもない。そんななかでも、備中高松城水攻めが突出してるよね。敵城の周囲に総延長3キロにも及ぶ築堤を造り、そのなかに大量の水を流しこんで水没させるという壮大な攻城戦だからね。でも、石田三成がこれを真似て行なった“忍城攻め”が入ってないのは、落とせなかったからかな。

画像提供：岡山県立図書館

天下を揺るがした攻城戦

第3位

戦国時代に終止符を打った攻城戦！

小田原征伐

羽柴秀吉 約20万 VS 北条氏直 約8万

合戦日：天正18年（1590）3月1日～7月5日
主戦場：相模・小田原城
勝敗：豊臣秀吉軍の勝利

北条家を滅ぼした秀吉が天下統一の大望を果たす

小田原征伐とは、天下統一を目前に控えた豊臣秀吉が約20万もの兵を動員して行なった多方面にわたる攻城戦だ。

北条家は小田原に拠点を置いて、5代にわたって関東一帯に政治的文化的繁栄をもたらせていた。領土を接する真田家とは、沼田をめぐってたびたび小競り合いを繰り返していたが、秀吉が発布した、許可のない私闘を禁止した惣無《そうぶ》事令《じれい》を無視、真田方の名胡桃《なぐるみ》城を強奪したことから、秀吉の怒りを買う。

秀吉は、ただちに全国に号令を発して軍を組織し、小田原に進軍。初めは善戦していた北条軍であったが、次第に劣勢となるにつれ、豊臣軍への離反者が増え始め、中には豊臣軍と内通する者まで現れた。

事態を重く見た北条軍は重臣を集めた会議を開き善後策を練るが、なにも有効な策を見いだせないまま、ただ時間だけが流れていった。

その後、立て続けに北条軍の支城が豊臣軍に攻略される。もはや勝ち目のないことを悟った北条家の五代目当主・北条氏直は、自身の切腹と引き換えに城兵を助けるよう願い出て降伏。ここに戦国大名としての北条家は滅亡。氏直は助命されたが、父・氏政は切腹となった。同時に戦国時代も終結し、秀吉による天下統一が果たされた。

昭和35年（1960）に、外観復元された小田原城天守。

小田原征伐布陣図

村の防御から軍事施設に発展し、
さらには領国支配のシンボルへと変化した日本の城

名城ランキング

城といえば、姫路城などに代表される天守を思い浮かべる方も多いだろう。
だが、江戸時代から現存する天守は現在12城しかなく、その多くは復元されたものだ。
また、城跡といっても復元天守や隅櫓などもなく石垣しか残っていない城跡や、さらには石垣すら残っていない城跡も多い。そんな各地に残された城跡の中から選ばれた城と、あなたが選ぶ城は一致するか？

◆平山城ランキング

1位	姫路城（播磨）
2位	松山城（伊予）
3位	松江城（出雲）
4位	熊本城（肥後）
5位	仙台城（陸奥）
6位	名護屋城（肥前）
7位	会津若松城（陸奥）
8位	大坂城（摂津）
9位	江戸城（武蔵）
10位	彦根城（近江）

◆山城ランキング

1位	竹田城（但馬）
2位	備中松山城（備中）
3位	岩村城（美濃）
4位	岡城（豊後）
5位	岐阜城（美濃）
6位	高取城（大和）
7位	佐和山城（近江）
8位	月山富田城（出雲）
9位	高天神城（遠江）
10位	鳥取城（因幡）

◆水城ランキング

1位	中津城（豊前）
2位	高松城（讃岐）
3位	今治城（伊予）
4位	三原城（備後）
5位	大津城（近江）
6位	名島城（筑前）
7位	鳥羽城（志摩）
8位	臼杵城（豊後）
9位	桜尾城（安芸）
10位	赤穂城（播磨）

◆平城ランキング

1位	松本城（信濃）
2位	二条城（山城）
3位	名古屋城（尾張）
4位	広島城（安芸）
5位	小倉城（筑前）
6位	安濃津城（伊勢）
7位	駿府城（駿河）
8位	大垣城（美濃）
9位	忍城（武蔵）
10位	佐賀城（筑後）

山城から平山城、平城へ時代とともに変化する

財団法人日本城郭協会が定めた「日本100名城」。誰もが知る有名な城の中に「？」と感じられる城の名があるのをご存知だろうか。その城の名は「吉野ヶ里遺跡《よしのがり》」。そう、佐賀県で発掘された弥生時代の環濠《かんごう》集落跡だ。

環濠集落とは、周囲に柵や濠《ほり》を設け防御を施した集落を指す。人が集まり集落が形成されると、水や食料を巡って集落同士の対立が起こってくる。すると「敵襲に対して防御する施設」が必要となり城へと発展を遂げていく。これが城の成り立ちで、そのため柵や濠が廻らされた吉野ヶ里遺跡も城に分類されるのだ。

武士が台頭してくる中世になると、集落を防御する城ではなく、敵を迎え撃つ軍事拠点として山城が築かれるようになってくる。ただ、**山城**は防御に適しているが、生活には不便きわまりない。紛争が沈静化すると領国支配を行なうため、平野部の小高い丘や山に**平山城**が築かれるようになる。

さらに時代が下がると、平野部に高層の天守を築いた**平城**へと発展していく。なかには海上交通を考慮した**水城**や、町を城内に取り込んだ惣構《そうがまえ》の城なども造られていく。これなどまさに、先祖返りともいえるだろう。

この章では、そんな時代とともに発展してきた日本の城を、山城、平山城、平城、水城の4つの項目にわけて、一押しの名城を選んでもらった。

その結果がこちらで、「中世の城」、「中世の城を近世城郭へと改修した城」の他に、「江戸時代に造られた近世の城」も交ざってしまった。城は武将のような時代区分が意識しにくく、それが要因かもしれない。

本郷チェック 城を見学して思うこと

僕が度肝を抜かれた城は、富山県に残る前田利長が隠居城とした高岡城だな。一国一城令で廃城になったけど規模が大きいんだ。さすが加賀100万石といったところか。また、岐阜県の苗木城や淡路島の洲本城など、小藩なのに石垣は立派なんだよ。こんな大きな石を積まされた農民は、どんだけひどい目にあわされたか。城跡を、ついそんな目で見てしまうな。

山城

上／CMにも使われ更に人気が高まった雲海に浮かぶ竹田城。雲海を望むには晩秋の早朝が必須条件。ただ、この絶景を目にするため、早起きしてでも出かけたくなる。

左／竹田城は約400年前に廃城となった山城のため、足元は悪く注意が必要だ。さらにもろくなっている石垣には近づかないなど、史跡を保護する気配りを忘れずに見学したい。

山城 第1位

竹田城《たけだじょう》

年間40万人以上の観光客が訪れる大人気山城

兵庫県朝来市和田山町竹田

霧に浮かんで見える姿が天空の城として人気に

城の縄張りが、虎が臥《ふ》せているように見えるところから別名「虎臥城《とらふすじょう》」とも呼ばれる竹田城。気象条件が整うと川霧がかかり雲海に浮かぶ姿が、「天空の城」として人気を集め、山城第1位に選ばれるのもうなずける。

但馬《たじま》守護・山名氏の支城だった築城当時は土塁だけの砦《とりで》だったが、秀吉配下となった赤松広秀《ひろひで》が城主の頃、今に残る総石垣造の城に改修された。標高約350メートルの山頂に造られた城の縄張りは、南北約400メートル、東西約100メートルで、山城としては広大なスケールを誇る。

関ヶ原の戦いで西軍についた広秀は、戦後に東軍に寝返り汚名返上とばかりに鳥取城攻めに加わる。だが、城下大火の責を負わされ徳川家康の命により自害。その後、家康の一国一城令により城は廃城となっている。

小松山山頂に建てられた五の平櫓（左手前）と備中松山城天守（右奥）

天守は２層２階と小ぶりだが、
山城に現存する唯一の天守だ。

現存天守以外にも標高430メートル（小松山）に築かれた山城とは思えない壮大な石垣が残る。

山城
第2位

現存する天守がそびえる唯一の山城

備中松山城《びっちゅうまつやまじょう》

岡山県
高梁市内山下

往時を偲ばせる山城はドラマのロケ地になる

高取城（奈良県）、岩村城（岐阜県）と並ぶ日本三大山城のひとつ。その見事な石垣や、明治以前に建設された現存天守は、ドラマ「真田丸」のロケ地として脚光を浴びている。そのお陰もあってか、堂々の第2位に選ばれた。

城は大松山、小松山、天神の丸、前山の４つの峰からなる臥牛山《がぎゅうさん》にあり、天守は小松山山頂に建てられている。

築城は、仁治元年（１２４０）、鎌倉時代の地頭・秋庭重信によって大松山に築かれたのが最初だ。その後、天和３年（１６８３）に、水谷勝宗によって現在の姿となったという。

戦国期には、毛利氏から離反した城主・三村元親《もとちか》と毛利氏によって争われた備中兵乱の舞台となり、出丸「砦二十一丸」が築かれていた記録も残っている。この頃には臥牛山は一大要塞となっていたようだ。

上／霧に霞む六段壁の石垣。この城は海抜717メートルの高所に位置するため霧の発生頻度が高く、そこから霧ヶ城伝説が作られたと思われるが、実際に霧に沈む城址を体験すれば、まんざら伝説でもないように感じられるから不思議だ。
左／大手門を抜け三の丸へ向かう途中、八幡曲輪の道を挟んだ向かい側に霧ヶ井伝説の基になった霧ヶ井が残されている。

山城

第3位

岩《いわ》村《むら》城《じょう》

城を覆い隠す霧が敵から城を守った別名・霧ヶ城

岐阜県恵那市岩村町

女城主の悲劇が伝わる日本三大山城のひとつ

山城の第3位には、日本三大山城に数えられる岩村城が選出された。

この地の地頭に任じられた源頼朝の重臣・加藤景廉《かげかど》が、文治元年（1185）に築城し、その後、明治維新の廃城令まで使われた歴史ある城だ。「八幡曲輪《くるわ》にある霧ヶ井《きりがい》に、蛇骨を井戸に投げ込むと霧が発生し城を守った」との伝説から〝霧ヶ城〟とも呼ばれている。

さらにもうひとつ、岩村城といえば忘れてならないのが、女城主・おつやの方（織田信長の叔母）の悲劇だ。

天正元年（1573）、武田方の秋山虎繁に攻撃されると、婚姻を条件とした無血開城を迫られ受諾。だがこれが信長の怒りを買い、長篠の戦いの後に岩村城が信長に攻め落とされると、虎繁とおつやの方は逆さ磔《はりつけ》で処刑されてしまったという。

島津の猛攻にも耐えた堅城

山城 第4位

岡《おか》城《じょう》

大分県竹田市大字竹田

文治元年（１１８５）、緒方惟栄《これよし》が築城し、後に大友一族の志賀氏が居城とした。標高３２５メートルの台地に建つ岡城を難攻不落の城として世に知らしめたのは、島津と大友が戦った豊薩戦争で、島津の大軍を18歳の若武者・志賀親次らが撃退したことによる。

文禄３年（１５９４）には、中川秀《ひで》成《しげ》が７万石で入城して大改修を行ない、石垣を築き近代城郭へ変貌させた。

数奇な運命を辿った名城

山城 第5位

岐《ぎ》阜《ふ》城《じょう》

岐阜県岐阜市金華山

斎藤道三の城・稲葉山城を織田信長が攻略して美濃を平定。地名を「岐阜」へと改称し、天下統一をめざした。

天正４年（１５７６）、信長が安土城を築くと岐阜城は嫡男・信忠に、さらに信長の３男・信孝などが城主となる。その後、信忠の嫡男・秀信（三法師）が城主となるが、関ヶ原の戦いで東軍に攻められ落城。高野山蟄居《ちっきょ》となり、城は徳川家康により廃城とされた。

山城 第6位

高《たか》取《とり》城《じょう》

奈良県高市郡高取町高取

日本三大山城のひとつで、城域の周囲が約30キロと山城としては最大規模。アクセスの悪さが評価のマイナスに。

山城 第7位

佐《さ》和《わ》山《やま》城《じょう》

滋賀県彦根市古沢町

石田三成の居城。関ヶ原の戦い後、小早川秀秋軍などに攻められ落城した。麓の龍潭寺境内に登山口がある。

山城 第8位

月《がっ》山《さん》富《と》田《だ》城《じょう》

島根県安来市広瀬町富田

中国11国を支配した尼子氏の居城。毛利元就に侵攻されたが攻城戦では落ちず、調略により開城となった。

山城 第9位

高《たか》天《てん》神《じん》城《じょう》

静岡県掛川市上土方

この城を舞台に武田軍と徳川軍の間で２度合戦が起こっている。難攻不落の名城で家康の兵糧攻めに遭い落城した。

鳥《とっ》取《とり》城《じょう》

鳥取県鳥取市東町

鳥取城は秀吉の兵糧攻めのイメージが強いが、目にすることのできる遺構の多くは江戸時代のもの。麓の石垣は見事。

山城 第10位

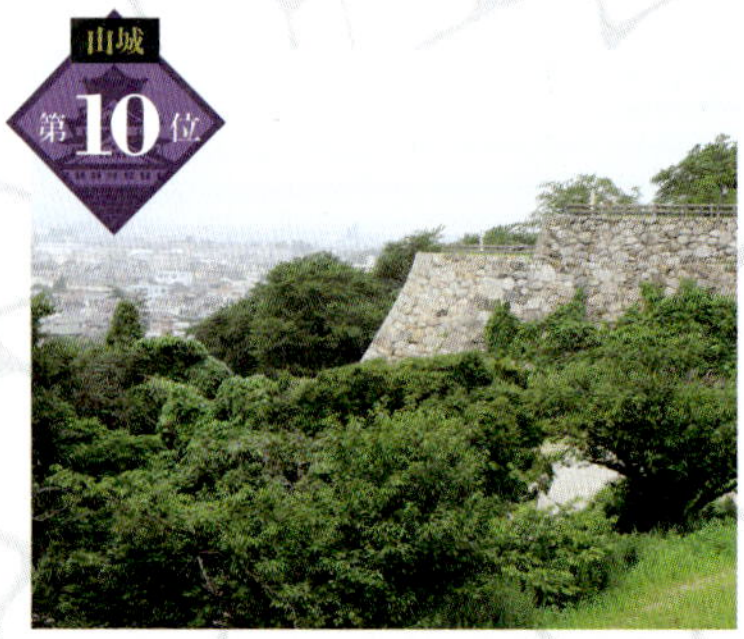

なぜ山城が作られるようになったのか？

戦いに使用する目的で城が造られるようになった頃は、敵に攻めこまれにくいことが城の第一条件だった。そのため城は、険しい山上に築城する山城が多かった。山城は次第に、大名の勢力拡大とともに縄張りが拡大されていくが、平時の日常生活に不便が生じる。そのため次第に、山麓に居館を築くようになる。

平山城

上／平成の大改修の工事用素屋根の撤去がほぼ終了した姫路城。瓦止めの目地漆喰が白すぎると批判を浴びているが、この白さもあと数年経ちカビが繁殖し始めれば見慣れた屋根瓦の色になるという。左／平成の大改修当時の大天守の屋根。この位置から天守を望めるのは次回の大改修までのお預けだ。

平山城 第1位

姫《ひめ》路《じ》城《じょう》

平成の大改修を終え美しく蘇った白鷺城

兵庫県姫路市本町68番地

関ヶ原後に建造された現存天守が世界遺産に

昭和26年（1951）に国宝に指定され、さらに法隆寺とともに日本初の世界文化遺産に登録された姫路城。平成の大改修でも脚光を浴びた城が、平山城の第1位に選ばれている。

現在の天守は、関ヶ原の戦いの後に城主となった池田輝政《てるまさ》が、慶長14年（1609）に完成させた現存12天守のひとつ。5層7階の大天守と東小天守、西小天守、乾《いぬい》小天守の3つの天守と渡《わたり》櫓《やぐら》で連結された連立式天守だ。その姿が白鷺《しらさぎ》が翼を広げたように見えるところから「白鷺城」とも呼ばれている。

築城は1300年代だが、姫路城を本格的な城に改修したのは黒田氏が入城してから。羽柴秀吉の中国攻めに際して黒田官兵衛が姫路城を秀吉に譲り渡した後、3層の天守が築かれ近世城郭へ変貌を遂げた。この時代の遺構は、石垣が僅かに残る程度だという。

四国を代表する観光地

平山城 第2位

松山城《まつやまじょう》

愛媛県松山市丸之内

坂の上の雲にも登場する現存12天守のひとつ

慶長5年（1600）、関ヶ原の戦いにおいて武功を上げた加藤嘉明《よしあき》は、伊予・正木《まさき》（松前）10万石から20万石に加増された。

そこで、慶長7年（1602）から道後平野中央の勝山に新たな城の普請を開始。自身の居館も新城下に移し、この地を松山と呼ぶようになった。

現存する天守は、大天守と小天守、北隅櫓、南隅櫓が渡り廊下や渡櫓で繋がれた姫路城と同じ連立式。城の縄張りは、山頂に本丸、中腹に二之丸、山麓に三之丸を整備した広大な規模の城郭で、現存天守以外にも野原櫓や乾《いぬい》櫓、紫竹門《しちくもん》など20もの現存する建造物が重要文化財に指定されている。

夏目漱石の「ぼっちゃん」や、司馬遼太郎の「坂の上の雲」にも登場する人気の城だけに、第2位は順当だろう。

重要文化財から国宝へ

平山城 第3位

松江城《まつえじょう》

島根県松江市殿町

豊臣政権三中老のひとり堀尾吉晴が築城した城

平成27年（2015）に、国宝指定された松江城は、山陰で唯一現存している望楼型（寺院の屋根の上に物見台を乗せたような型状）4層5階地下1階の天守が残る城だ。

築城は慶長16年（1611）。関ヶ原の戦いで武功を上げた堀尾忠氏《ほりおただうじ》は、出雲・隠岐《おき》24万石の知行を得て、月山富田城に入城した。だが、月山富田城は山城のため交通の便が悪く、新たに宍道湖《しんじこ》畔の亀田山に松江城を築城することとなった。しかし、忠氏が急逝。嫡男・忠晴《ただはる》が幼少のため、後見人として忠氏の父で豊臣政権三中老のひとりだった吉晴が松江城と城下の建設に邁《まい》進《しん》した。

しかし、その吉晴も城の完成直前に死去してしまい、残された忠晴には子がなく、堀尾氏は3代で改易となった。

一日も早い復興を願う

平山城 第4位

熊本城《くまもとじょう》

熊本県熊本市中央区

平成28年（2016）4月の熊本地震で壊滅的な被害を受けてしまった熊本城が第4位に食い込んだ。

熊本城は、加藤清正が隈本《くまもと》城などがあった地域に築城を開始、慶長11年（1606）に完成させた。

天守などは西南戦争直前の火災により焼失しており、今回の地震で損傷した大小天守はコンクリート製で外観復元されたものだ。

山城から平山城になった

平山城 第5位

仙台城《せんだいじょう》

宮城県仙台市青葉区

第5位に選ばれた仙台城も、関ヶ原の戦い後、伊達政宗が新たな居城として青葉山の千代城跡地に山城として築城したもの。このとき、地名を仙台（仙臺）と改めている。

その後、利便性を考慮して山の麓に二の丸、三の丸（東丸）が築かれ平山城となった。

本丸には大広間と隅櫓は建てられていたが、天守は造られていない。

平山城 第6位

名護屋城《なごやじょう》

佐賀県唐津市鎮西町名護屋

豊臣秀吉が朝鮮出兵の拠点として築城した城。周囲には諸大名の陣屋が構築され、その一部の遺構が残されている。

平山城 第7位

会津若松城《あいづわかまつじょう》

福島県会津若松市追手町

葦名直盛が築城し、文禄2年（1593）に蒲生氏郷が天守を築き城名を「鶴ヶ城」地名を「若松」に改めた。

平山城 第8位

大坂城《おおさかじょう》

大阪府大阪市中央区大阪城

石山本願寺があった地に、天正11年（1583）、豊臣秀吉が築城。大坂夏の陣で焼失するも徳川家康が再建した。

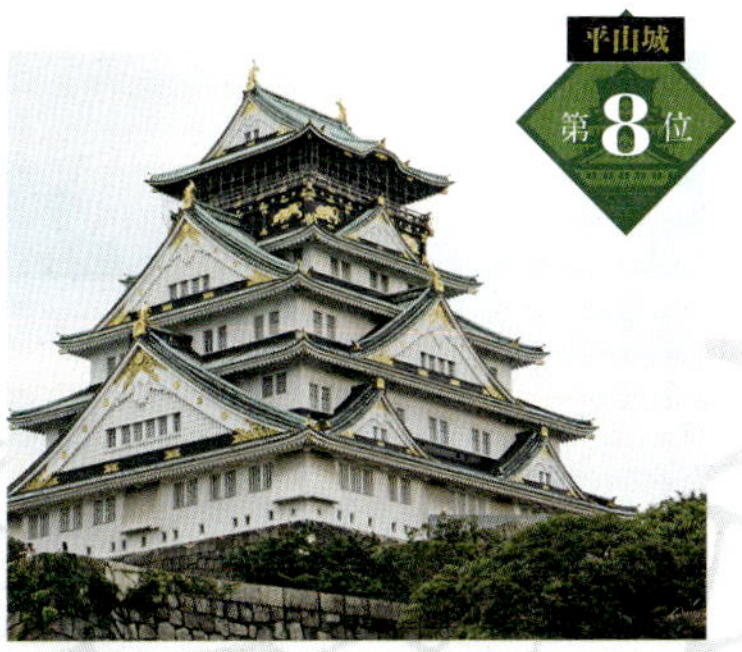

平山城 第9位

江戸城《えどじょう》

東京都千代田区千代田

江戸城は、太田道灌《どうかん》が築いた城を徳川家康が改修した。その後、家康が開府すると天下普請により規模を拡大した。

平山城 第10位

彦根城《ひこねじょう》

滋賀県彦根市金亀町

関ヶ原の戦い後、井伊直政の跡を継いだ直勝と直孝により築城された。現存12天守で国宝に指定されている。

平山城が誕生した理由

戦国時代も末期になると、戦うことを主眼とした山城は不要になってくる。戦いも減っており、山頂の城と山麓の居館との二重生活は利便性が悪く、また山城では城下町を造る充分な土地が得られない。そのため、次第に平野部の小山に城を築き、さらに縄張りを山麓まで広げた大規模な城郭・平山城が築かれるようになる。

上／内堀から見た松本城天守。中央に聳えるのが大天守で右端の赤い欄干が見えるのが月見櫓。その左隣が２層の辰巳附櫓。左端の３層の櫓が乾小天守で、大天守と繋がる部分が渡櫓になる。

左／月見櫓の内部。松本城を３代将軍・家光の宿城とするために月見櫓が普請された。その名の通り月見を目的とし、３方向に開口部が設けられ館のような作りとなっている。

平城 第1位

松《まつ》本《もと》城《じょう》

現存最古の5層6階の木造天守

長野県松本市丸の内４番１号

動乱の時代と平和な時代に造られた5つの天守群

最強の平城の第1位には現存天守で国宝の松本城が輝いている。

本能寺の変の後、深志《ふかし》城を小笠原貞《さだ》慶《よし》が奪還して地名を「松本」と改めた。その後、豊臣秀吉が天下を統一すると小笠原氏は関東へ移封され、8万石で石川数正《かずまさ》が入封し城の改築にとりかかるが死去。跡を継いだ嫡男の康長《やすなが》が、5層6階の天守を築いた。

この松本城天守は、渡櫓で乾《いぬい》小天守と繋がり、さらに辰巳《たつみ》附櫓《つけやぐら》と月見櫓が複合された複合連結式となっている。

大天守と渡櫓、乾小天守は動乱が続く戦国時代末期に建てられたため、戦いに必要な鉄砲狭間《さま》や矢狭間が多く作られた。これに対し、平和な江戸時代に造られた辰巳附櫓と月見櫓には、戦いの備えがされていない。これらの違いを見比べられるのも松本城の楽しみのひとつでもある。

慶長8年（1603）頃に造られた二条城の東南隅櫓。二条城には西南隅櫓も現存している。

二の丸御殿の遠侍《とおさむらい》（左）と車寄（右）はともに国宝に指定されている。

二条城天守台。廃城となった伏見城の5層5階の天守が移築されていたが、寛延3年（1750）に落雷で焼失。

平城

第2位

二の丸御殿で大政奉還が執り行なわれた

二《に》条《じょう》城《じょう》

京都市中京区二条通堀川西入二条城町541

徳川家康が将軍の権威を朝廷に示すため築城する

ユネスコの世界文化遺産に選ばれた城といえば、姫路城だけだと思っている方も多いのではないだろうか。だが、ここ二条城も「古都京都の文化財」として世界遺産登録されている。

二条城は、関ヶ原の戦いで勝利した徳川家康が上洛時の宿所として築城を開始し、慶長８年（１６０３）に完成した。

ここでは、家康、秀忠、家光が将軍就任の祝賀の儀を行なったり、家康と豊臣秀頼の会見が行なわれた。また、幕末には大政奉還が行なわれるなど、江戸時代の歴史の転換点を見つめてきた城といえる。

ただし戦国時代、織田信長が京の宿舎として整備し、本能寺の変で信長の嫡男・信忠が籠もって明智軍相手に奮戦した「二条新御所」は、二条城とは別の場所にある。

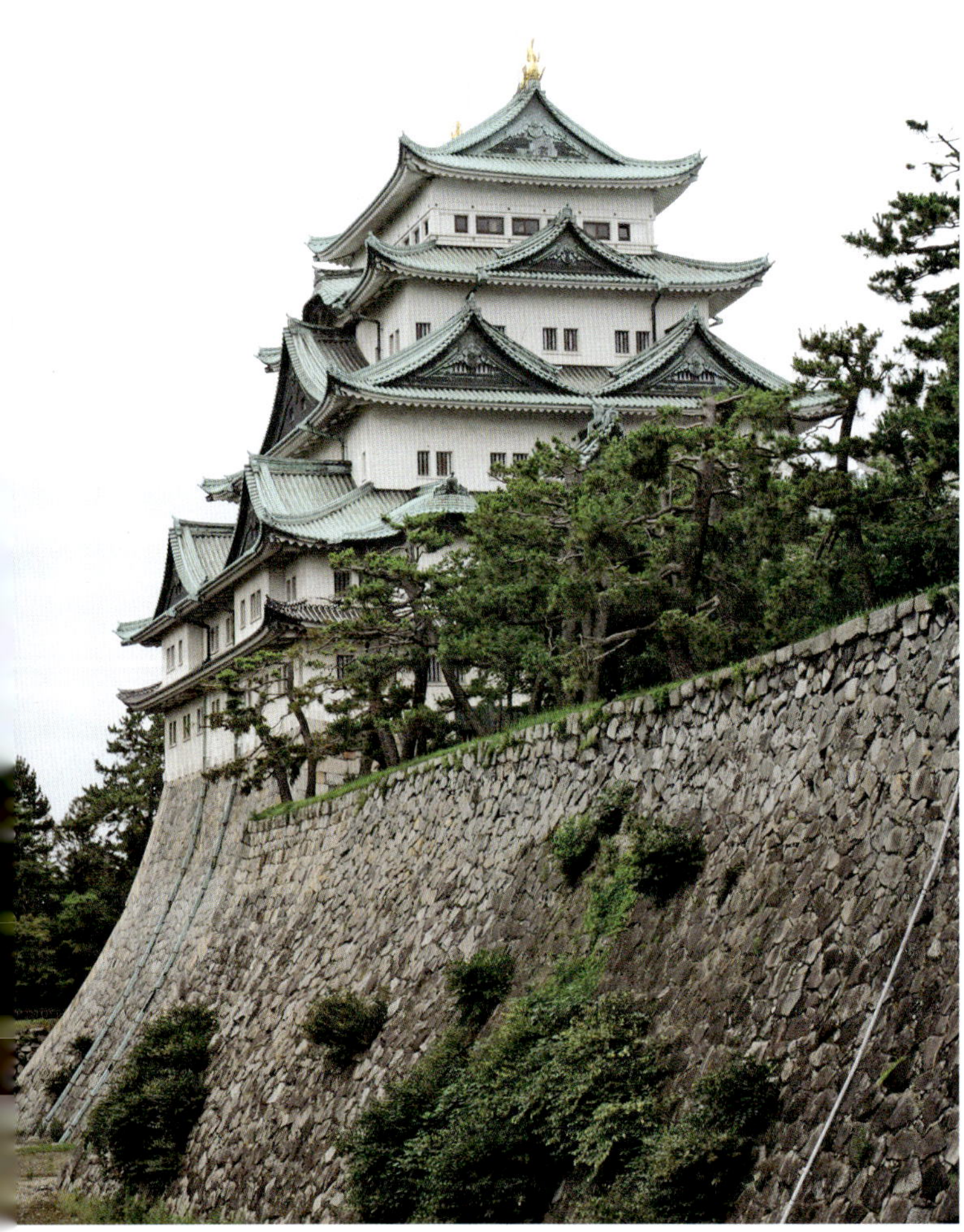

加藤清正が天守台を築いた

平城

第3位

名古屋城《なごやじょう》

愛知県名古屋市中区本丸

細心の防御態勢を取る東海道の要の城

名古屋城は東海道の要の城として、また大坂方への抑えとして、江戸幕府を開いた徳川家康が、慶長14年（1609）に築城を決定。城の普請は翌年から開始し、加藤清正や福島正則など西国の20大名を動員し、わずか2年で天守を完成させた。

天守は5層5階地下1階の大天守と、2層2階地下1階の小天守の地階が橋台で結ばれている。そのため、小天守を抜けなければ大天守に入れない構造の防御態勢をとった、連結式天守となっている。

名古屋城天守台の石垣は、築城の名手・加藤清正が普請しただけのこともあり、清正が得意とした扇勾配の反りの美しさは絶品だ。これだけの石垣を重機もない時代にわずか3ヶ月で築き上げたというから恐れ入る。

太平洋戦争末期まで現存した

平城

第4位

広島城《ひろしまじょう》

広島県広島市中区基町

広島城を築城するも関ヶ原の戦い後に改易

尼子氏を破り120万石の大大名となった毛利氏の居城・吉田郡山城が手狭なため、毛利輝元《てるもと》は平野部への進出を図った。

天正17年（1589）、太田川デルタ地帯へ築城を開始。このとき築城の名手・黒田官兵衛も参加した。だが、地盤が軟弱なデルタ地帯での工事は難渋を極め、すべての工事が完了したのは慶長4年（1599）だった。だが城が完成した翌年、関ヶ原の戦いで西軍の総大将となった輝元は改易。毛利氏は周防《すおう》、長門の2ヶ国へ減封となる。

輝元に代わり、広島城へ入った福島正則だったが、洪水による被害の修復を幕府に無断改修と咎《とが》められ失脚。以後、明治まで浅野氏の居城となる。

天守は、昭和20年まで現存したが、原爆投下により崩壊してしまった。

九州の玄関口を守る城

平城 第5位

小《こ》倉《くら》城《じょう》

福岡県北九州市小倉北区

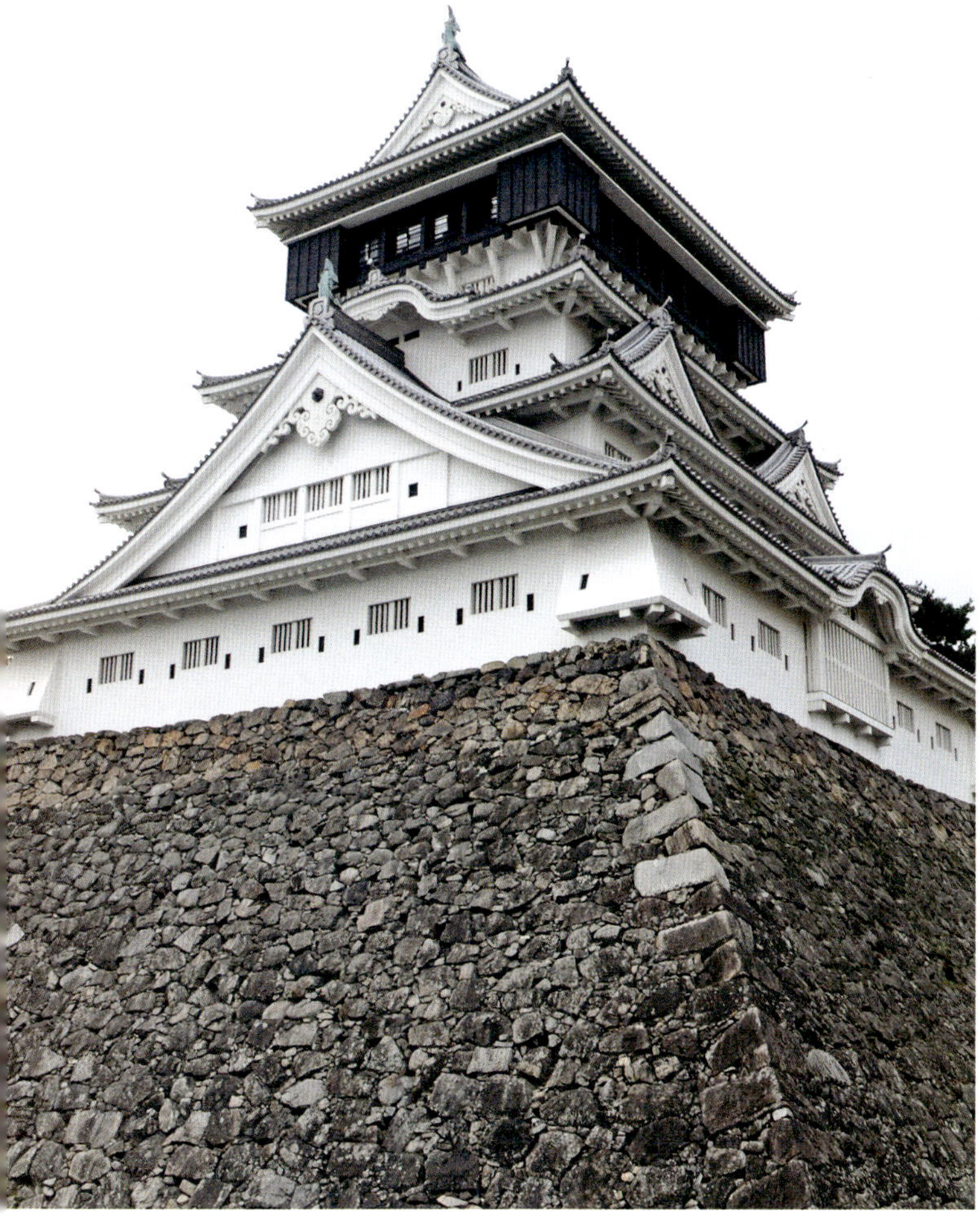

細川忠興が豊前に転封後 唐造りの天守を築く

本州から九州への玄関口に位置する小倉は古くから要害の地とされ、室町時代から戦国時代にかけて豊後の大友氏、筑前の小弐氏《しょうに》、周防の大内氏、安芸の毛利氏がこの地を奪い合っていた。

天正15年（1587）、豊臣秀吉の九州征伐後には、毛利勝信が6万石で入封。だが、関ヶ原の戦いで西軍につき敗北。領地は没収され改易となる。

細川忠興が関ヶ原の戦いの論功行賞で豊前約40万石で転封されると慶長7年（1602）から城を整備し、「唐造り」と呼ばれる4層5階の天守を築いた。これは4階と5階の間に屋根の庇《ひさし》がなく、5階が4階よりも大きいのが特徴だ。だが天守は、天保8年（1837）に失火により焼失。現在の城は戦後に建てられた復興天守だ。

平城 第6位

安《あ》濃《の》津《つ》城《じょう》

三重県津市西丸之内

関ヶ原の戦い後、築城の名手・藤堂高虎が伊勢、伊賀22万石で入封。近代城郭へ改修し明治まで藤堂氏の居城となる。

平城 第7位

駿《すん》府《ぷ》城《じょう》

静岡県静岡市葵区

駿河を手に入れた徳川家康が今川氏の館跡に築城した。晩年、将軍職を秀忠に譲ると駿府城に移り住み城を改修した。

平城 第8位

大《おお》垣《がき》城《じょう》

岐阜県大垣市郭町

戦略上の重要拠点に築城された。関ヶ原の戦いでは西軍の拠点となり落城するも、江戸時代は大垣藩の居城となる。

平城 第9位

忍《おし》城《じょう》

埼玉県行田市本丸

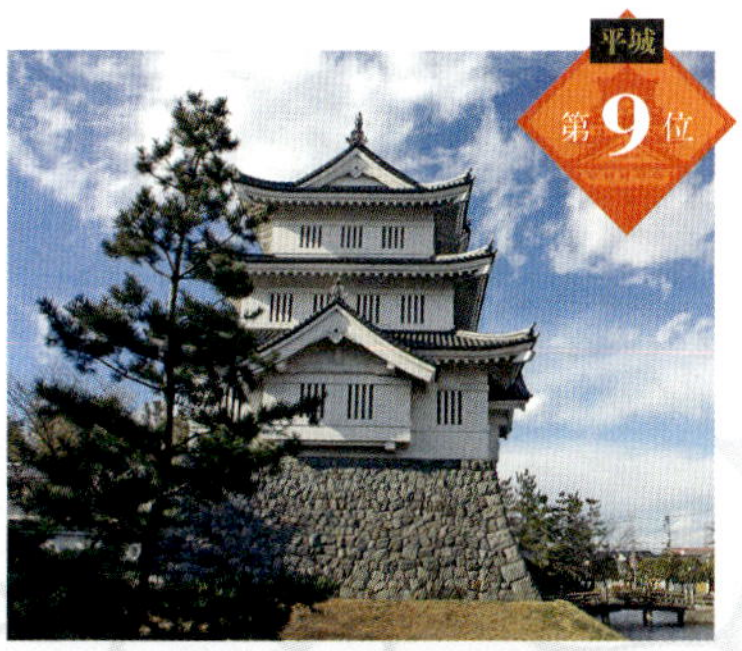

室町時代中期に成田氏によって築城された。豊臣秀吉の小田原征伐で石田三成の水攻めに耐え、落城しなかった堅城。

平城 第10位

佐《さ》賀《が》城《じょう》

佐賀県佐賀市城内

龍造寺氏によって築かれた村中城を、藩の実権を握った家臣の鍋島直茂が改修し、以後佐賀城となった。

平城に求めるもの

戦国期の騒乱が収まり始めると、城は次第に政治、経済の拠点としての役割も担うようになる。そのため、大規模な城下町を設ける必要に迫られると小山のない平野部にも城が築かれるようになる。ただ、平野部に築かれた城は防御機能が弱いため、水堀や空堀を二重三重に巡らせたり、櫓を数多く作るなどの工夫が凝らされた。

水上交通の要地に造られた城

水城 第1位

中津城《なかつじょう》

大分県中津市二ノ丁

黒田官兵衛が普請した川を天然の堀とする水城

九州征伐の戦功により豊前中津16万石を領し転封となった黒田官兵衛は、豊前のほぼ中央に位置する水上交通の要地だった中津に城を築くことを決意。天正16年（1588）から、城造りを開始した。

中津城は、周防灘に流れ込む山国川（現中津川）を天然の堀として取り込み、さらに内堀を海と繋げて城内から海上へ漕ぎ出せる水城だ。海上からの接近を防ぐ乱杭石を水中に設けるなど、官兵衛ならではの防御態勢も随所に取られている。

城の縄張りが本丸を中心に、北に二の丸、南に三の丸と扇状に広がっているところから扇城《せんじょう》とも呼ばれていた。

高松城、今治城とともに日本三大水城とされる中津城が水城の第1位に選ばれたのは当然の結果だろう。

南蛮造りの天守が建っていた

水城 第2位

高松城《たかまつじょう》

香川県高松市玉藻町

天正15年（1587）、豊臣秀吉から讃岐《さぬき》一国を与えられた生駒親正が築いた、海上の防備を強化した城。

縄張りは、本丸を中心に二の丸、三の丸、桜の馬場、西の丸が配され、その周囲を3重の堀が囲む堅固な城で、南蛮造りの3層4階地下1階の天守が築かれていた。水門が設けられ3重の堀すべてに海水が引き入れられており、城内に軍船が配備されていた。

藤堂高虎が築いた水城

水城 第3位

今治城《いまばりじょう》

愛媛県今治市通町

慶長5年（1600）、関ヶ原の戦いの功により藤堂高虎は、伊予宇和島7万石から、伊予半国20万石に加増され、瀬戸内海に面する海岸に大規模な水城・今治城を築城した。

城の周囲に3重の堀をめぐらし防備を固めるとともに、内堀まで海水を引き入れ外堀を通じて海へ漕ぎ出すこともできたという。そのため城内には、国内最大級の船入が備えられていた。

小早川水軍の根拠地

水城 第4位

三《み》原《はら》城《じょう》

広島県三原市館町

新高山城を本拠としていた小早川隆景が、永禄10年（1567）、沼田川河口の三原湾に浮かぶ大小ふたつの島を繋いで築いた海城。

隆景が率いる小早川水軍を効率よく運用し、瀬戸内海を掌握するために城郭兼軍港としての機能を備える。

満潮時には、城の姿が海に浮かぶように見えたことから、別名「浮城」とも呼ばれていたようだ。

関ヶ原の戦いで東軍勝利に貢献

水城 第5位

大《お》津《お》城《じょう》

滋賀県大津市浜大津

天正14年（1586）、豊臣秀吉の命により、廃城となった坂本城の部材を用いて浅野長政が新たに築城した。

関ヶ原の戦いの前哨戦で、城に籠もった京極高次が西軍の毛利勝信や立花宗茂1万5000と交戦し足止めしたことで知られる。

城の遺構はほぼ失われているが、移築された大津城天守が彦根城天守として生まれ変わっている。

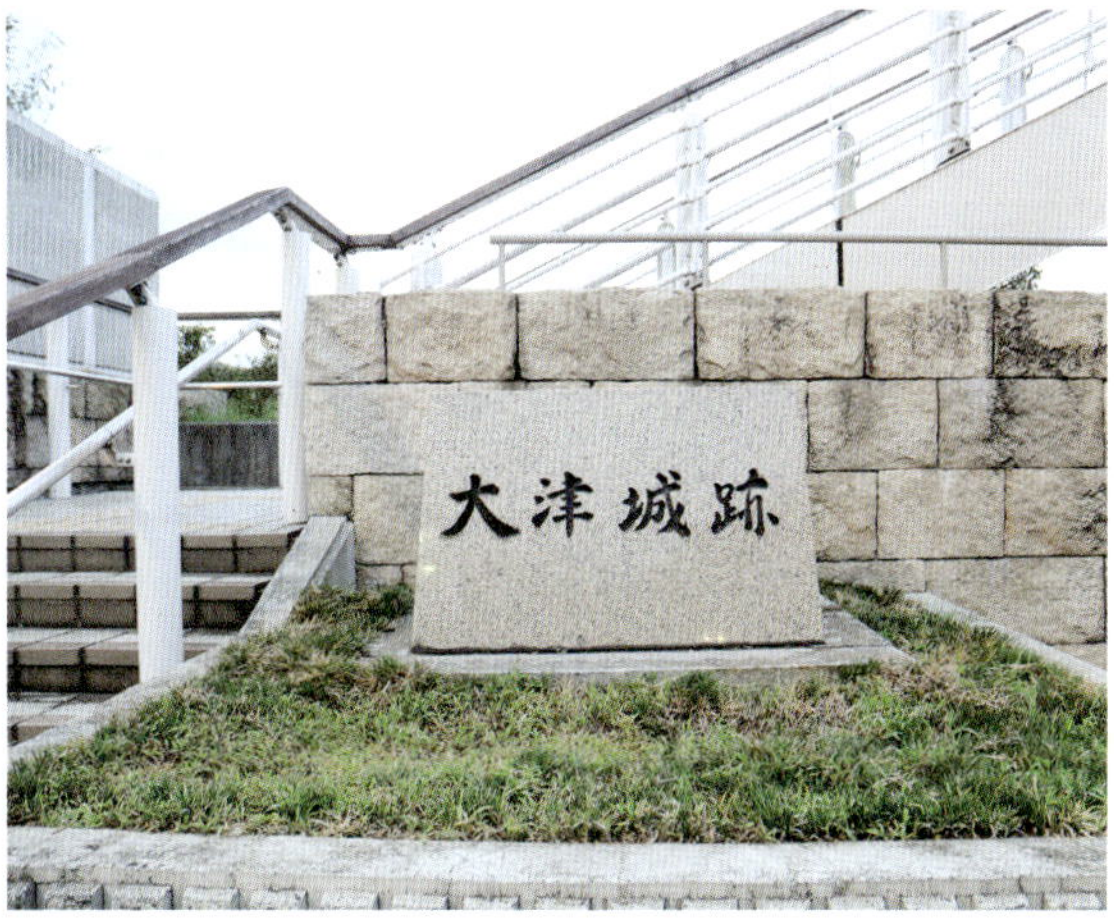

水城 第6位

名《な》島《しま》城《じょう》

福岡県福岡市東区名島

立花鑑載《あきとし》によって築かれた城を、豊臣秀吉の九州征伐後に入封した小早川隆景が船入を備えた城に改修した。

水城 第7位

鳥《と》羽《ば》城《じょう》

三重県鳥羽市鳥羽

九鬼水軍を率いた九鬼嘉隆が豊臣秀吉の家臣時代に築いた城。海側に大手門があった「海城」として知られる。

水城 第8位

臼《うす》杵《き》城《じょう》

大分県臼杵市臼杵

豊後の大友宗麟が、臼杵湾に浮かぶ切り立った崖に囲まれた丹生《にゅう》島に築城。搦手《からめて》口が海への玄関口となっていた。

水城 第9位

桜《さくら》尾《お》城《じょう》

広島県廿日市市桜尾本町

厳島神主家が本土側の拠点として築いた水城。厳島の戦いに敗れ自害した陶晴賢の首実検をしたことで知られる。

水城 第10位

赤《あ》穂《こう》城《じょう》

兵庫県赤穂市加里屋

戦国時代の城を近世城郭へ改修し『忠臣蔵』で知られる赤穂城となる。南が瀬戸内海に面し、船の出入りができた。

水城を作る目的とは？

海や湖に沿って縄張りされた城を「水城」あるいは「海城」と呼ぶ。城に面した海や湖が外堀として機能し、平城や平山城などより防御面に優れている。また城内に船入が整備され、制海権を掌握することもできる。さらに、大型船を用いれば物資の大量輸送も可能で、城下を経済的に発展させるにも有利だった。

戦いに明け暮れる男たちの側でともに戦う女もいた

女たちの戦国

戦国時代には“耐え忍ぶ姫”や、その真逆の“戦う姫”もいた。
この章では、「男勝りの姫」と「悲運の姫」をアンケート調査をもとにランキング。
戦いに明け暮れた戦国時代の姫の生き様を紹介しよう！

❖お市の方像
自害した北ノ庄城跡に建てられたお市の方の銅像。

主人を支えた姫もいれば 男勝りに戦った姫もいた

戦国時代の姫といえば、戦いに明け暮れる男の陰でただひたすらに耐え忍ぶ印象が強いかもしれない。確かに、御家を存続させるため「政略結婚」の道具として使われた姫も多い。

2代将軍・徳川秀忠と江姫の間に生まれた千姫も、わずか7歳で豊臣秀頼と結婚させられ大坂城に入っている。これなども豊臣家を安心させるために徳川家康が仕組んだ、明らかな政略結婚だった。

そんな千姫の大姑・お市の方も織田信長が敵対する浅井家と同盟を結ぶための政略結婚の犠牲者でもある。

ともに政略結婚の犠牲者ながら、夫との相性はよく幸せな結婚生活を送っていたが、運命に翻弄され、落城を経験してしまう。

このように戦国時代の姫といえば、男性に寄り添う〝従〟のイメージで「悲劇の姫ランキング」に選ばれた姫たちも、そのイメージに近い。

ただ戦国時代には、男に従うだけではない、真逆の姫も存在する。

今回の選には漏れているが、愛媛県の大三島にある大山祇《おおやまづみ》神社には女性用とされる鎧《よろい》が奉納されている。この鎧を身にまとっていたとされるのが〝瀬戸内のジャンヌ・ダルク〟と称される鶴姫だ。

鶴姫は、周防・大内氏の大三島侵攻を受け、戦死した兄の代わりに出陣。数度にわたって撃退するも、戦死した恋人の後を追い自刃したとされる、男勝りで悲運の姫なのだ。

ただ、この話を裏付ける史料が残されていないので、この話が史実である確証はない。だが、鶴姫に負けず劣らずの活躍をした男勝りの姫がいたのは事実だ。今回選ばれた4人の姫の話で、それを確かめて欲しい。

◆男勝りの姫ランキング

1位	小松姫
2位	甲斐姫
3位	立花誾千代
4位	井伊直虎

◆悲運の姫ランキング

1位	お市の方
2位	淀殿
3位	駒姫
4位	細川ガラシャ
5位	朝日姫

本郷チェック

戦国時代の女性の地位について

戦国武将の妻や娘に関しては、詳しい史料が残っていないとか、逸話が伝わっていても、その信憑性についてどこまで信じていいのかって質問がされることがある。

例えば、数少ないながらも、秀吉の正妻のおねさんが長浜の政治に関わっている史料ってあるんですよ。

実際に秀吉は、毛利との中国攻めに張り付いていて、長浜には帰っていない。その間、おねさんが、実質的に城主として頑張っていたところを見ると、女性の地位は決して低くはなかった。秀吉が、才能で出世をしたといわれているけど、おねさんだって足軽大将ぐらいの大した家柄の人ではなかった。それでも、城主的な働きをする。ということは、女性の地位は低いわけではなく、それなりに尊重されていたと考えていいんじゃないかな。男が活躍する背後には女性のサポートがあって、女性のサポートがあることはみんなが知っていた。歴史資料があれば、必ずそこには女性の姿が描かれている。その辺りをきちんと読み取っていけば、よく分かるはず。

女も強くなければ生きていけない時代だった

男勝りの姫

◆沼田城

小松姫が昌幸と幸村を追い返した話が伝わる上野・沼田城。

男勝りの姫 第1位

小《こ》松《まつ》姫《ひめ》

義父を、自ら武装して追い返す！

女ながらに城を守り さらには筋も通した姫

小松姫は「鴻門之会（項羽と劉邦の一場面）」の絵を所有するなど、所持品も「男勝り」であった。

「男勝りな姫」第1位に選ばれたのは、本多忠勝の娘であり、真田信幸の正室でもある小松姫だ。小松姫は、忠勝の勇猛果敢な気性を受け継ぐ、聡明な美女であったと伝わっている。

徳川家と真田家が争った上田城の戦いで、忠勝は真田一門の鮮やかな戦術の数々に舌を巻き、真田家を徳川家に取り込むことを家康に進言した。家康もこれを受け入れて、小松姫を自分の養女とした後（秀忠の養女という説も）に、真田家の長男・信幸に嫁がせた。

小松姫が「男勝り」であるといわれる一番の所以《ゆえん》は、おそらく真田家の「犬伏の別れ」にまつわる逸話であろう。

慶長5年（1600）、豊臣方の石田三成が京都で挙兵をすると、真田昌幸、信幸、幸村の3人は豊臣方と徳川方、どちらの陣営に付くかを話し合った。その結果、昌幸と幸村は豊臣方に、信幸は徳川方に付くことになり、真田家は真っ二つに分かれるのだが、この時、徳川軍から離れ上田城に戻る昌幸は、信幸の治める沼田城に立ち寄り、孫の顔をひと目見ようと考えた。

だが留守を預かる小松姫に、「たとえ義父上と言えど、今は敵《かたき》同士。信幸様の留守中に城に入れることはできません」と毅然とした態度で追い返されてしまった。昌幸はそんな小松姫の態度に感心し、「さすがは本多忠勝の娘。武家の嫁たる者、あれでなければならぬ」と言って、その晩は近くの正覚寺で軍を休めた。

その翌日、今度は小松姫が子どもをつれて昌幸のいる正覚寺にやって来た。そして昌幸に子どもを会わせ、再び沼田城へ引き上げたという。筋を通すが愛情も深い小松姫こそ、戦国一の男勝りな姫君の名にふさわしい。

男勝りの姫 第2位

甲《か》斐《い》姫《ひめ》

北条の忍城を落城から救う！

このランキングで小松姫の後塵《こうじん》を拝したのは、知名度の差かもしれない。

甲斐姫は、関東一帯を支配した北条家の所有する忍《おし》城の城主・成田氏長《うじなが》の娘である。幼い頃から武芸や軍略に優れ、容姿も端麗。天下統一をめざした豊臣秀吉が、北条家を滅ぼすために小田原征伐の軍を起こしたときも、甲斐姫は小田原城に行った父に代わり、忍城を死守したと伝えられている。自ら武装し、豊臣軍を撃退したのだ。これ以上に男勝りな姫がいるだろうか。

そんな甲斐姫の活躍もあって忍城は最後まで落城しなかった。後にこの活躍が秀吉の耳に入ると、秀吉はたいそう甲斐姫を気にいり、自身の側室にしたと伝わっている。

◆忍城

甲斐姫は忍城を攻めてきた石田三成などを撃退した。

男勝りの姫 第3位

立《たち》花《ばな》誾《ぎん》千《ち》代《よ》

僅か7歳で立花家の家督を継いで城督となった女丈夫

腰元や侍女を武装させ自ら出撃して城を守る

立花誾千代は、和製・オスカルともいうべき女性だ。大友家の重臣であった立花道雪には子どもがなく、57歳を超えてようやく授かった誾千代を跡継ぎとして育成した。ちなみに誾千代の「誾」の文字には「慎み深く、人の話をよく聞く」という意味があるそうだが、誾千代は父に似て気性が激しく、あまり人の話を聞かない性格であったようである。

ともかくも誾千代はわずか7歳の時に、主家である大友家の許可を得て、正式な手続きを踏んで立花城の城督《じょうとく》（領土はないが軍事権はある）となった。そして大友家の名将・高橋紹運《じょううん》の息子・宗茂を婿養子に迎え、また城内の腰元や自分の侍女らを武装させ、有事に備えて自ら訓練を施したという。

誾千代の夫・立花宗茂は戦の名手であり、彼が出征して城を空けるときには誾千代が城を守った。豊臣秀吉存命中の頃の逸話として、宗茂が朝鮮出兵に出かけていた時に、秀吉が誾千代を手籠《てご》めにしようと名護屋城に呼んだというものがある。だが、秀吉の思惑に気づいた誾千代は、お供の侍女に鉄砲を持たせ、自らも武装して城に乗り込み、秀吉を驚かせた。

また関ヶ原の戦いの折には国許にいて城を守っていたが、東軍が押し寄せてくると、「私は女に生まれたが、猛将と恐れられた立花道雪の娘である。命を賭けて国を守り、先代の名を汚すまい」と言って、自ら軍を率いて出撃。やってきた東軍を威嚇したという話も残されている。まさに「男勝りの姫君」第3位の名にふさわしい活躍であろう。

❖柳川城
夫・宗茂は九州征伐で功績を挙げ、柳川城主となった。

男勝りの姫 第4位

井《い》伊《い》直《なお》虎《とら》

「僧」として出家し、「直虎」として還俗した女地頭

徳川四天王・井伊直政の後見人として家を守る

「男勝りの姫君」の第4位は、ドラマで話題となっている井伊直虎が選ばれた。

直虎が生まれた時代、井伊家は強大な今川家の下で常に滅亡の危機にさらされていた。権力闘争は日常茶飯事で、直虎の婚約者も自ら「病死」と偽って逃走。だが婚約者の死が偽りであることを知らなかった直虎は絶望し、自ら髪を切って出家した。しかし井伊家の男子が次から次へと謀殺され、あるいは戦死し、最後に残るのが5歳の井伊直政だけになると、男として還俗することを決める。当時、尼は還俗できなかったが、僧ならば還俗できたという説もあるが定かではない。

だが、こうして世に戻った直虎は、井伊家の実質的な女城主として活躍しながら、後に徳川四天王と讃えられることとなる直政の養育に力を入れた。そして直政が一人前になったのを見届けると、安心して息を引き取った。

❖井伊直虎の墓
静岡県浜松市の龍潭寺の井伊家歴代墓所に立つ直虎の墓（右から2番目）。

男勝りの姫君について

アンケートの結果としては、この4人に票が集まった。小松姫と井伊直虎は某公共放送のドラマの影響、甲斐姫は『のぼうの城』の影響と思われる。男勝りの姫君だったら、九州の大友氏と島津氏の戦いにもいた。島津軍を油断させて奇襲攻撃を仕掛け討ち取った大友氏の家臣・吉岡鑑興《あきおき》の妻妙林尼《みょうりんに》や豊後の日出《ひじ》生城主・帆足鑑直とともに僅か数百の兵を率いて島津軍を撃退した妻・鬼御前。知名度が上がればランクインしそうな姫たちだ。

時代に翻弄された女たち
悲運の姫

悲運の姫 第1位

お市の方

兄とふたりの夫を亡くした美貌の姫君

3人の娘を秀吉に託し、悲しみと共に夫に殉じる

画像提供：東京大学史料編纂所所蔵模写

❖小谷城本丸跡

最初の夫・浅井長政の居城。長政に嫁いだお市の方は、城の名前から、「小谷の方」とも呼ばれている。

「悲運の姫君」を語る上で、お市の方ほど美貌に恵まれ、そして運命に翻弄された姫君はいないだろう。そんなお市の方が本ランキングの第1位に選ばれている。

織田信長の妹に生まれたお市の方は、21歳の時に最初の夫、近江の浅井長政の許《もと》に嫁いだ。これは完全なる政略結婚であったが、お市は長政との結婚で、束の間の幸せを手に入れる。夫・長政と心から愛し合い、ふたりの男子と後に浅井三姉妹と呼ばれることになる3人の娘（茶々、お初、お江）を授かった。

だが最愛の夫や3人の娘に囲まれた幸せな時間は長くは続かなかった。朝倉家との同盟を捨てきれなかった浅井家が、信長に逆らって織田軍を挟撃したのである。烈火の如く怒り狂った信長は、長政やお市のいる小谷城へと攻め込んできた。だが浅井家には織田家に対抗できるだけの兵力がなく、長政は無念のうちに自害、長男も処刑。お市の方は3人の娘と共に、失意のうちに信長のもとへ身を寄せた。

そんなお市の方を、さらなる悲劇が襲う。兄である信長が、本能寺で明智光秀に討たれたのだ。愛する夫を失い、今度は庇護してくれた兄を亡くし……。3人の娘を抱えたお市の方は、どれほどの心細さ、さびしさを味わったことであろう。

兄・信長の死後、実権を握ったのは羽柴秀吉だった。やがてお市の方は、織田家の重臣・柴田勝家の許に後妻として嫁ぐことになる。勝家は25歳も年上の相手であったが、お市や3人の娘のことをとても大切にしたという。大きな心の支えを立て続けに失って気落ちしていたお市の方は、この勝家の許で、再び束の間の幸せを手に入れた。

だがすぐに、信長の後継者の地位をめぐって秀吉と勝家が対立し、勝家は賤ヶ岳の戦いで秀吉に敗北。勝家の居城・北ノ庄城は秀吉軍に包囲される。これ以上、自分の愛する人が死んでいく様を見ていたくない。そう願ったお市の方は、3人の娘を秀吉に託すと、勝家とともに自害した。運命に翻弄され続けた、悲しき美貌の姫である。

❖北ノ庄城跡

柴田勝家の居城。秀吉軍に包囲された勝家は、お市の方とともに自害した。城跡には天守の模型が建っている。

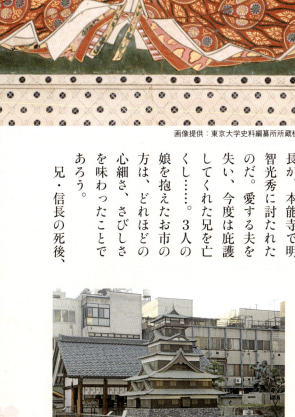

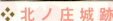

悲運の姫 第2位

淀《よど》殿《どの》

豊臣家とともに滅びた悲運の姫

家族をたて続けに亡くし最後は息子と共に自害！

お市の方の娘である淀殿（茶々）は、美貌で名高いお市の方の面影を一番強く受け継いだ姫であったとされる。だが母から受け継いだのはその美貌だけではなく、悲運な運命もまた、受け継いでしまった。

実父・浅井長政は織田信長との戦いに敗れて自害。兄・万福丸は羽柴秀吉に殺され、庇護・養育してくれた織田信長は本能寺の変で横死。母親の再婚相手・柴田勝家は、秀吉との争いに負けて、母とともに自害。

その後、仇敵・秀吉に見初められて側室となった茶々は鶴松を生むが、わずか3歳で病死する。またその数年後に、今度は拾《ひろい》（秀頼）を生むが、秀吉が死去したため時代は徳川家へと流れていく。そして徳川家との戦いに敗れた淀殿は、息子・秀頼とともに大坂城で自害。

兄や親の仇の側室とならなければ生きられなかった点、さらには愛する子どもと共に死を選ばなければならなかった点などが、淀殿を「悲運の姫君」第2位に押し上げた理由であろうか。

画像提供：養源院・東京大学史料編纂所所蔵模写

秀吉は美貌で名高いお市の方に憧れており、お市の面影を一番受け継いだ茶々を側室にしたとされる。

大阪城に建てられた秀頼と淀殿の自刃の碑。

悲運の姫 第3位

駒《こま》姫《ひめ》

運命に見放された最上の姫君

関白・秀次に見初められ連座で殺された側室候補

このランキングが「悲運」ではなく「不運」であったなら、おそらく第1位に輝いたのは最上義光《よしあき》の娘・駒姫であろう。

駒姫はまだ幼いながらも誰もが振り返るような美少女であった。その美しさに目をつけた時の関白・豊臣秀次は、義光に掛け合って、駒姫を自分の側室にと望んだ。かわいい娘を余計な権力闘争に巻き込みたくなかった義光はこの話を断ったが、秀次のたび重なる要請についに折れ、「では娘が15歳になりましたら嫁がせましょう」と約束してしまう。

この約束が、駒姫を不運な運命に引きずり込んだ。

15歳になった駒姫は、義光と関白・秀次との約束通り、故郷山形から京へと向かった。そうして長旅の末、ようやく京の最上屋敷に着いた駒姫であったが、息をつく暇もなく、関白・秀次が秀吉によって切腹させられたという知らせが届く。秀次の側室はすべて処刑。だが駒姫は京に着いたばかりであり、まだ秀次との顔合わせも済んでいなかった。正式には、まだ側室候補に過ぎなかったのである。

この知らせを聞いて慌てふためいた義光は、娘を助けるために方々を駆けずり回った。秀吉の愛妻・淀殿ですら、まだ幼い駒姫の数奇な運命に同情し、彼女を助けるよう秀吉に願い出る。各地から駒姫を助けるよう声があがった。そのあまりの声の多さに驚いた秀吉は、処刑を取りやめ鎌倉で尼にするように早馬を飛ばしたという説もあるが果たして……。だが、すでに京の三条河原では、駒姫が他の側室らとともに処刑された後だったという。

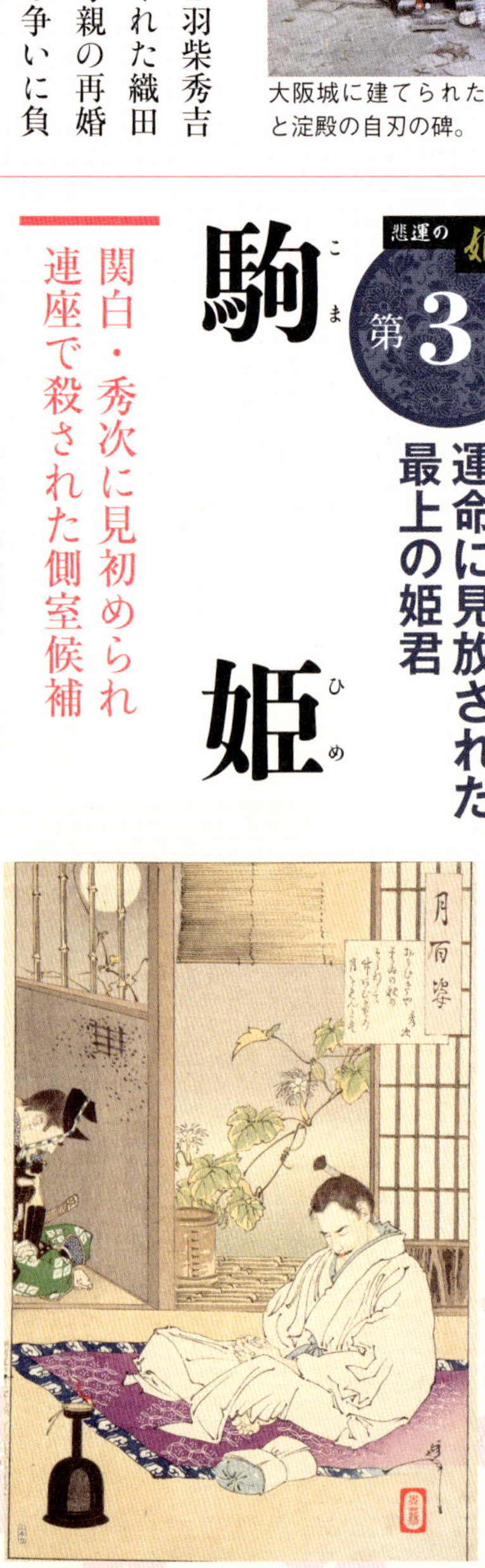

28歳で切腹した秀次の側室は皆歳若く、それがより悲劇に拍車をかけた。

画像提供：国立国会図書館

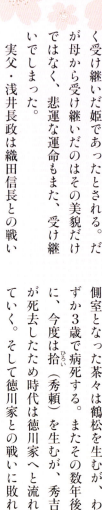

悲運の姫 第4位

細《ほそ》川《かわ》ガラシャ

家臣に胸を突かせ、燃え盛る屋敷で息絶えた、明智光秀の娘

逆臣となった父親に モラハラ気質の夫・忠興

細川ガラシャがランクインした一番の理由は、おそらく死に様の強烈さであろう。

明智光秀の娘・珠《たま》（後のガラシャ）は、15歳の時に、父の主君である織田信長の勧めで、細川忠興のもとに嫁いでいる。忠興はこの美しい妻をたいそう気に入り、ふたりはたくさんの子宝に恵まれたが、明智光秀が本能寺の変で主君・信長を討つと状況は一変する。「逆賊の娘」として丹後に幽閉された珠は、その後、権力者となった秀吉の計らいで細川家の大坂屋敷に戻される。そこで忠興からキリスト教の話を聞き、次第にキリスト教の教えに心惹かれていった。そして秀吉がバテレン追放令を出したにもかかわらず、自邸で洗礼を受けてしまう（洗礼名がガラシャ）。

バテレン追放令直後の妻の洗礼に、烈火のごとく怒り狂った忠興は、妻の侍女の鼻をそぎ落とし、以後つらくあたるようになったという。

秀吉の死後、徳川方についた忠興が上杉征伐に赴いたときに、石田三成が挙兵して、徳川方の妻子を人質に取る事件が起こった。当然細川家にも石田方の使いが来たが、ガラシャは毅然としてこれを拒否。石田軍が屋敷を囲むと、自害する代わりに家臣に胸を突かせ、燃え盛る屋敷の中で亡くなった。自殺が許されないキリシタンの教えに、最後まで従ったのだ。

珠は、細川家の親戚筋に当たる清原家の侍女・清原マリアから洗礼を受けた。

悲運の姫 第5位

朝《あさ》日《ひ》姫《ひめ》

徳川家康を臣従させるため、人質となった豊臣家の姫

兄・秀吉に離縁させられ 家康の正室となり病死

画像提供：南明院・東京大学史料編纂所所蔵模写

徳川家康との結婚後は、駿河御前と呼ばれた。

朝日姫の悲運は、長年連れ添った夫と無理やり離縁させられ、人生の晩年ともいえる時期に知らない土地の、出会ったこともない相手に嫁がされたことであろう。

朝日姫は、天下人となった豊臣秀吉の妹である。もともとは尾張の農民に嫁いでいたが、兄である秀吉が織田信長の下で出世していくのに合わせて、夫も武士に取り立てられ、佐治日向守《ひゅうがのかみ》と呼ばれるようになった。だが秀吉の出世は留まるところを知らず、ついには関白にまで上り詰め、天下を掌握するまでになった。めまぐるしく変化する朝日姫を取り巻く環境。朝日姫は、豊臣家が家康を取り込むために無理やり離縁させられ、家康の許に嫁がされた。いまだに秀吉に臣従することを渋っていた家康を上洛させるための、人質だったのだ。このとき朝日姫は44歳、家康は45歳と伝わる。

家康の許に嫁いだ朝日姫は、その数年後に病死。人の不幸は比べられるものではないが、上位4名に比べて、いささか悲運度が劣るといえそうだ。

悲運の姫君について

第1位から第4位までは順当だが、第5位の朝日姫が意外だった。豊臣秀次に嫁いだ徳川家康の孫娘の千姫や織田信長の叔母のおつやの方も下位に沈みランクインしなかった。おつやの方は、夫の遠山景任を亡くし女城主として岩村城を守っていたが、武田軍に攻められると城兵を守るため敵将との婚姻を条件に開城。その行為が信長の怒りを買い、後に逆さ磔《はりつけ》で殺されてしまった、これこそ悲劇の姫だと思うのだが。

国武将名鑑

最強の戦国武将TOP50

1位	織田信長	90.5点
2位	徳川家康	89.7点
3位	武田信玄	89.4点
4位	黒田官兵衛	88.7点
4位	毛利元就	88.0点
6位	豊臣秀吉	87.7点
7位	真田昌幸	85.4点
8位	上杉謙信	85.0点
9位	片倉景綱	84.6点
10位	小早川隆景	84.6点

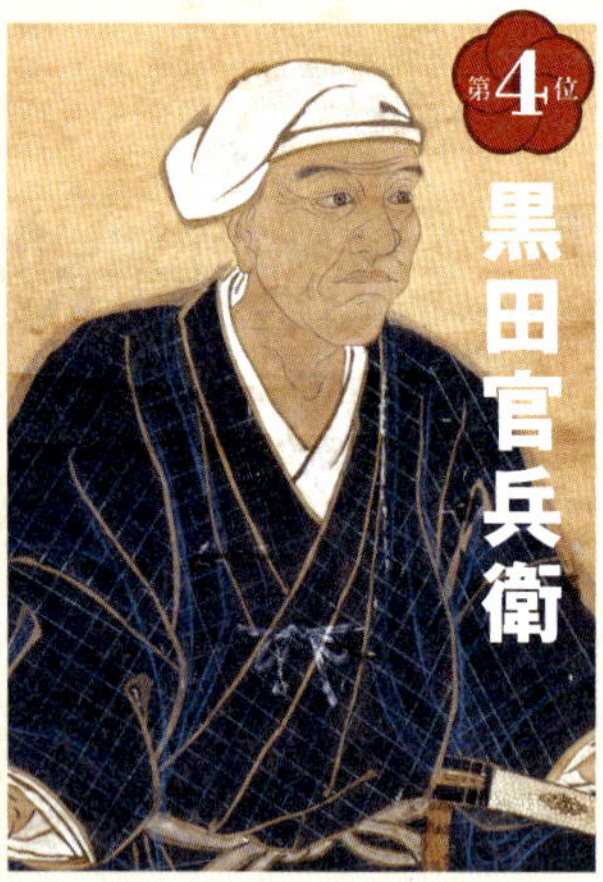

あなたならどの武将をベスト50に選ぶのか?

有名無名を合わせ、戦国時代を駆け抜けた多くの武将がいる。それらの武将を統率力、情報力、軍事力、人格力、統治力の5つの項目をさらに4つのカテゴリーに分けて評価してもらった合計の総合ランキング・ベスト50がこちらだ。

そのメンバーは、歴史教科書に登場する有名武将から、数年前ならその存在自体すら知られていなかった地味な武将まで幅広く名前を連ねている。

この結果に対して、「やはり順当だよね」と思える武将もいれば、「なんでこの武将が、こんなに評価が高いのか?」、また逆に「この武将の評価ってどうしてこんなに低いの?」と編集部でも感じている武将がいることも事実だ。

一概にはいえないが、某公共放送の歴史ドラマやゲームで注目を集めた武将も入ってはいるが、今回のランキングでは大名を補佐する参謀の評価が高いようだ。それは、今回のアンケートを依頼した人たちが歴史ライターや歴史ファンという影響も大だろう。このアンケートが、ただの戦国武将の人気投票だったらまた違ったランキングになっていたのではと思われる。また今

PART III

最強の戦

第9位

小早川隆景

第9位

片倉景綱

第8位

上杉謙信

第7位

真田昌幸

第6位

豊臣秀吉

37位	藤堂高虎	74.1 点
38位	石田三成	73.9 点
39位	井伊直政	72.8 点
40位	島左近	72.7 点
41位	大友宗麟	72.6 点
42位	佐竹義重	71.4 点
43位	高橋紹運	69.3 点
44位	毛利輝元	68.6 点
44位	吉川元春	68.6 点
46位	九鬼嘉隆	67.7 点
47位	荒木村重	66.1 点
48位	宇喜多秀家	65.7 点
49位	高山右近	64.7 点
50位	池田恒興	64.6 点

23位	宇喜多直家	78.0 点
23位	加藤清正	78.0 点
26位	細川忠興	77.8 点
27位	長宗我部元親	77.7 点
28位	朝倉孝景	77.3 点
29位	立花宗茂	76.8 点
30位	上杉景勝	76.7 点
30位	黒田長政	76.7 点
32位	柴田勝家	76.1 点
33位	本多忠勝	75.4 点
33位	明智光秀	75.4 点
35位	池田輝政	75.2 点
36位	真田幸村	74.2 点

11位	伊達政宗	84.3 点
11位	蒲生氏郷	84.3 点
13位	北条早雲	84.0 点
14位	島津義弘	83.9 点
15位	竹中半兵衛	82.2 点
16位	細川幽斎	81.6 点
17位	斎藤道三	80.6 点
17位	三好長慶	80.6 点
19位	直江兼続	79.8 点
19位	前田利家	79.8 点
21位	大谷吉継	79.4 点
22位	北条氏康	79.3 点
23位	尼子経久	78.0 点

回、評価するポイントが国を治めた大名に有利で、槍働きを得意とする武将には不利だったともいえる。

そのため、読者の中には、自分の好きな武将の評価が低くて満足できない方もおられるかもしれない。ただ、このランキングは「本誌独自の評価」でしかないことはお断りしておく。この評価を見た読者の方々が、〝自分ならこの武将を評価する〟、〝この武将は自分の評価だともっと下だ〟など、自分の評価と今回のランキングとの違いを考察し、独自の〝最強の戦国武将名鑑〟を作って欲しい。

本郷チェック

戦国武将ベスト50について

ベスト50は、徳川家康が第２位ですか。嫌われ者の印象が強いので、高評価は驚きだ。満点に近い第１位の織田信長だが、裏切られることが多かった信長の人格力が低いのはよく見ていると思う。また、学会で評判が高い豊臣秀吉の評価がやや低いのも面白い。やはり晩年の行ないが評価を下げたんだろうね。順位はサプライズもあり、面白いランキングになっていると思う。

第1位

天下布武に王手をかけた戦国の革命児

織田《おだ》信長《のぶなが》

生没年：1534〜1582年

画像提供：長興寺

総合 90.5

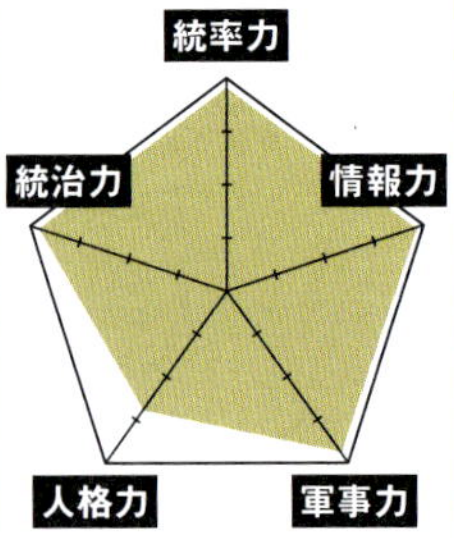

さすがは信長、あらゆる項目で完璧に近い数字が出ている。冷酷さを示す逸話が残っているからか、人格力がやや低い。

統率力 18.9
先見性
実行力
計画性
出世

情報力 19.1
同盟外交
交易
情報収集
調略

軍事力 18.9
戦術
経験
兵器
逆境力

人格力 14.3
一貫性
メンタル
家柄
組織力

統治力 19.3
政策
経済力
商業振興
土地開発

本郷チェック

信長が1位なのは順当だろう。信長は普通の武将だったという説もあるが、信長がいたから日本はひとつにまとまった。信長がいたから秀吉も家康も出て来たともいえるからだ。

建勲神社

明治天皇の御下命により京都市北区船岡山に建てられた織田信長を主祭神とする神社。

革新的な経済政策と戦略版図を爆発的に拡大した

数ある戦国武将のなかで第1位に輝いたのは、戦国の風雲児・織田信長だ。天下統一を成し遂げた豊臣秀吉・徳川家康をしのぐ結果となったが、彼らは信長が築いた版図を引き継ぐ形で乱世を終結させたわけで、この順位は妥当といえよう。

信長は父・信秀が海運で築いた経済的基盤を背景に尾張を統一すると、今川義元との桶狭間の戦いにおいて奇跡的な勝利を収める。

そして、斎藤家を滅ぼして獲得した岐阜城を足がかりとして一気に覇業に乗り出し、兵農分離や楽市楽座、家中の軍団制度など画期的なシステムを採用し、あと一歩で天下を手中にするというところまで勢力を拡大した。

その夢を頓挫させたのは、皮肉にも軍団のひとつを任せていた重臣・明智光秀の突然の裏切りであった。

清洲古城碑

清洲城は廃城後に名古屋城築城の資材として利用された。

画像提供：東京大学史料編纂所所蔵模写

第2位

耐えに耐えて最後に笑った乱世の覇者
徳川《とくがわ》家康《いえやす》

生没年：1542～1616年

総合 89.7

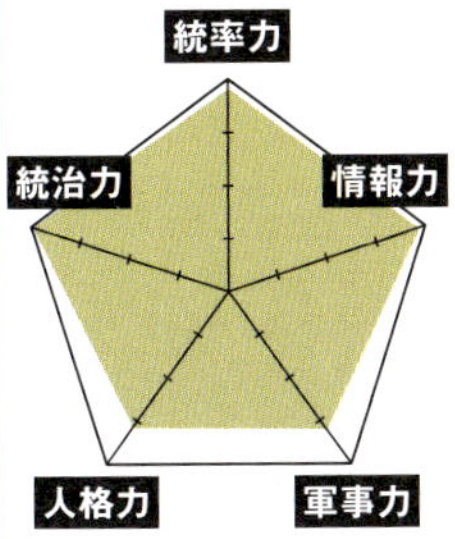

戦国時代に終止符を打っただけあって、これといった弱点は見当たらない。まんべんなく高い評価を獲得している。

統率力 …… 18.8
- 先見性
- 実行力
- 計画性
- 出世

情報力 …… 18.9
- 同盟外交
- 交易
- 情報収集
- 調略

軍事力 …… 16.6
- 戦術
- 経験
- 兵器
- 逆境力

人格力 …… 15.9
- 一貫性
- メンタル
- 家柄
- 組織力

統治力 …… 19.5
- 政策
- 経済力
- 商業振興
- 土地開発

本郷チェック

野戦の名手だが決して名人上手ではない。同じ失敗は2度繰り返さない、努力する姿が評価されたのだろう。また家康は堅実な性格で、最後は堅実な奴が勝つんだろうね。

❖東照公産湯《うぶゆ》の井

天文11年（1542）12月26日、家康が岡崎城内で誕生した際、この井戸の水を産湯に使用した。

冷静に天下獲りへの力を蓄え計略で決戦に大勝利

「織田が搗《つ》き、羽柴がこねし天下餅、座りしままに食うは徳川」という狂歌にも表れているように、徳川家康は盟友ふたりの手柄を掠《かす》め取った男として語られることが多い。

しかし、この順位からも分かるように、決して運だけの武将ではない。今川義元の人質として過ごした青春時代には、兵法書や史書をマスターし力を蓄えた。織田信長、豊臣秀吉に尽くした間にも、野望を隠して来るべき時のために財源、人的資源を整備するしたたかさを持っていた。

その耐え忍ぶ姿を長年見ていたからこそ、「徳川四天王」たちをはじめとする優秀な家臣団は、一部の例外を除いて最後まで家康とその子、孫に尽くした。彼らの存在こそ信長、秀吉には足りないものであり、家康を歴史の勝者たらしめたものであった。

❖久能山東照宮 徳川家康の墓

家康の遺命により遺骸は久能山に埋葬された。

総合 89.4

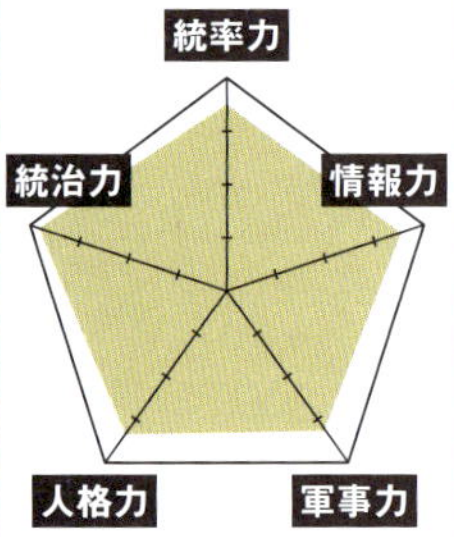

バランス良く多くの支持を集めたが、上洛志向があまりなかったり、何度か大敗を経験しているからか、1位にはなれず。

統率力	**17.6**
先見性	●●●○○
実行力	●●●●○
計画性	●●●●○
出世	●●●●○
情報力	**18.7**
同盟外交	●●●●○
交易	●●●●○
情報収集	●●●●○
調略	●●●●○
軍事力	**16.1**
戦術	●●●●○
経験	●●●●○
兵器	●●●○○
逆境力	●●●○○
人格力	**17.6**
一貫性	●●○○○
メンタル	●●●●○
家柄	●●●●●
組織力	●●●●●
統治力	**19.4**
政策	●●●●○
経済力	●●●●○
商業振興	●●●●○
土地開発	●●●●○

画像提供：東京大学史料編纂所所蔵模写

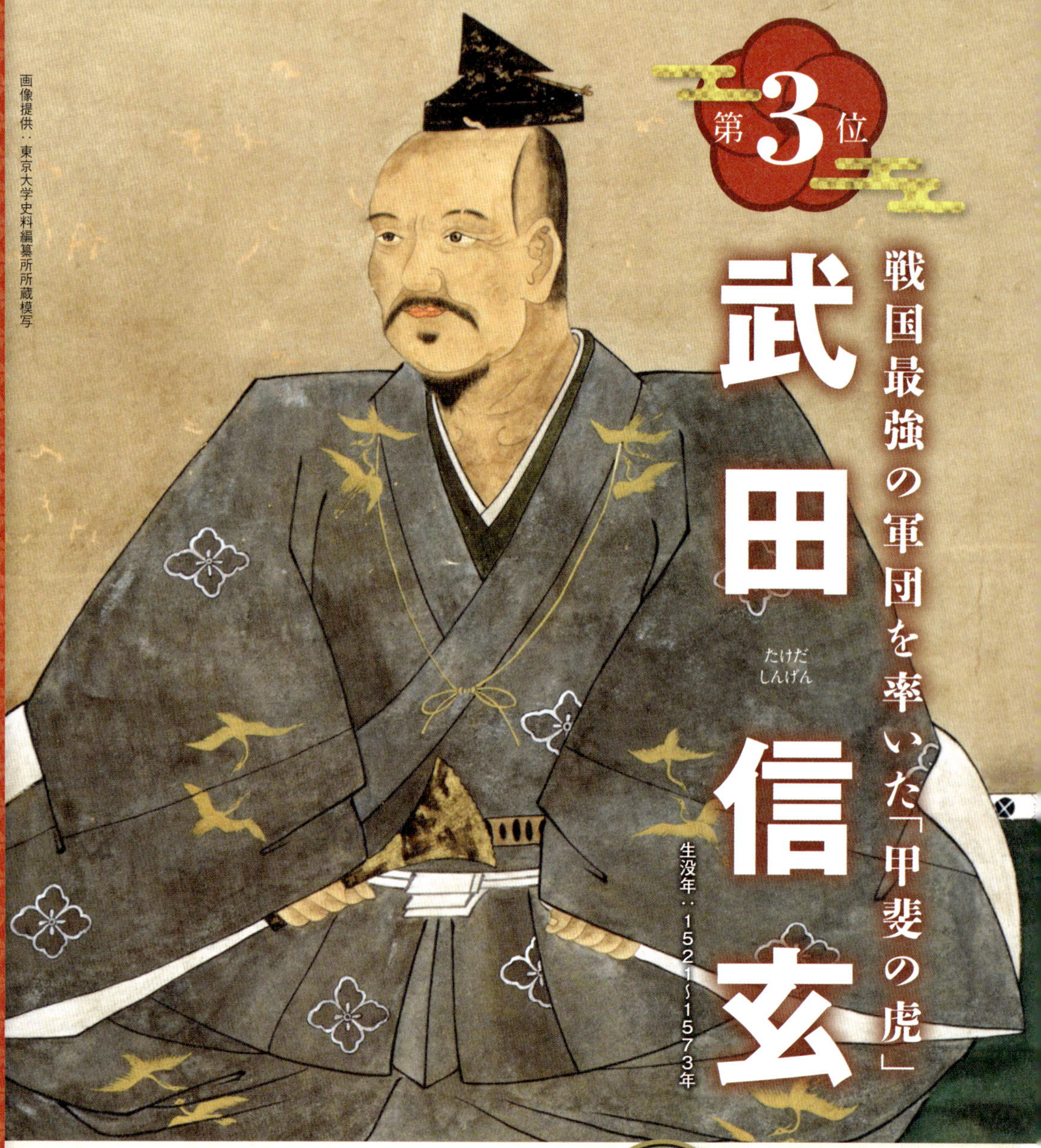

第3位

戦国最強の軍団を率いた「甲斐の虎」
武田信玄《たけだしんげん》

生没年：1521～1573年

❖ 武田神社

信玄を主祭神とする武田神社は居城・躑躅ケ崎《つつじがさき》館の跡地に建てられている。

本郷チェック

天才肌ではなく、すべてにおいてバランスが取れている武将。人材掌握や統治能力に優れた、家康の先生だが、スケールとしては山梨の英雄止まりで信長、家康には及ばない。

武勇だけではなく優れた大局観を持つ「甲斐の虎」

上位にランキングされた武将たちの多くは苦しい境遇に生まれているが、武田信玄は例外である。武田家は甲斐の守護を任された清和源氏の名門だ。

信玄は対立した父を追放すると甲斐国を足がかりに、広大な信濃に目標を定め、何度か苦杯をなめつつも全土を支配下に収める。

それを可能にしたのが「武田二十四将」に代表される家中の猛者《もさ》たちをまとめ、効率よく組織化した信玄の手腕であった。

しかし、信濃平定によって宿敵・上杉謙信と領地が接してしまったため、それから10年以上、5度にわたって川中島で激戦を繰り広げることになる。「信長包囲網」に参加し上洛を開始したのは50歳を過ぎてから。途上で急死しなければ天下の勢力図はまったく違ったものになっていただろう。

❖ 上田原古戦場碑

無敗を誇った武田軍が敗れた上田原の戦いの古戦場碑が石久摩神社に建てられている。

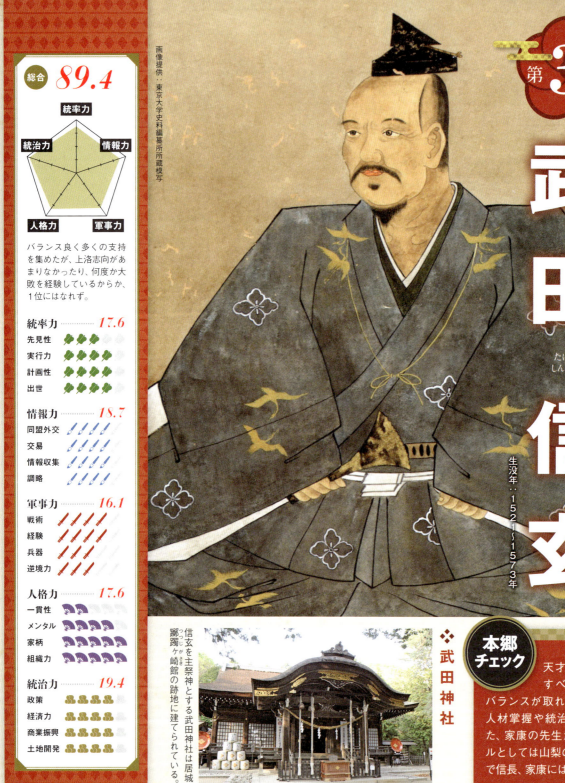

第4位

黒田《くろだ》官兵衛《かんべえ》

その切れ者ぶりに主君も恐れをなした

生没年：1546～1604年

画像提供：東京大学史料編纂所所蔵模写

総合 88.7

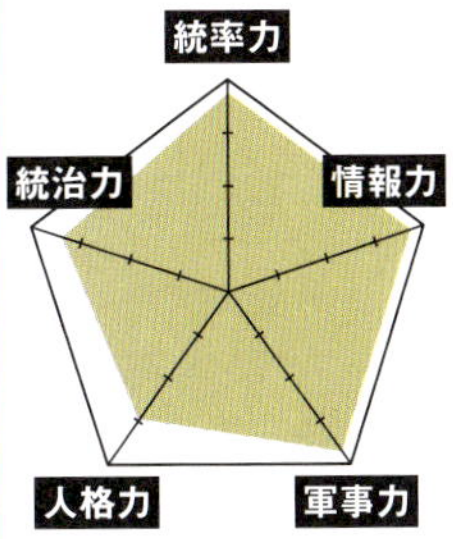

総じて高評価だが、人格力が玉に瑕。冷徹さを示す逸話や、豊臣秀吉に完全には信じてもらえなかったことが響いたか。

統率力 18.6
- 先見性
- 実行力
- 計画性
- 出世

情報力 18.9
- 同盟外交
- 交易
- 情報収集
- 調略

軍事力 18.1
- 戦術
- 経験
- 兵器
- 逆境力

人格力 15.5
- 一貫性
- メンタル
- 家柄
- 組織力

統治力 17.6
- 政策
- 経済力
- 商業振興
- 土地開発

本郷チェック

戦術が評価されたのか、官兵衛が第4位に食い込んだのも意外だった。ただ官兵衛は、司令官もできるし参謀もできる。両方、過不足なくできたのは、非常に優秀だったからだろう。

❖中津城縄張り図

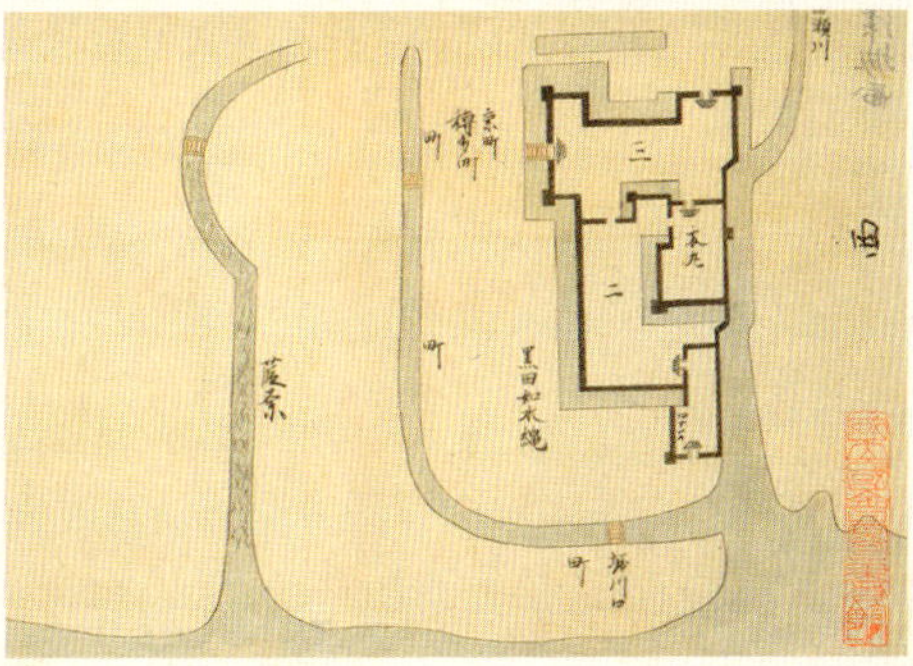

官兵衛が普請した城が水城だったことがよくわかる江戸時代に描かれた中津城の縄張り図。

画像提供：国立国会図書館

冷静な献策で豊臣秀吉を見事に天下人へと導く

戦国時代を代表する軍師が第4位にランクイン。幼い頃からその才能は抜きん出ており、22歳という若さで姫路城の城代を任されている。

織田信長のもとで羽柴秀吉を補佐するようになってからは、主に城攻めで多くの功績を残した。兵糧《ひょうろう》攻めや水攻めで、城方の戦意を奪うのが得意技。鳥取城や備中高松城、小田原城などで城方を降伏に追い込んでいる。

中国攻めの最中に信長が本能寺で横死すると、動揺する秀吉に「御運が開けましたな」と語り、驚愕させたとの逸話も残る。

そのあまりの優秀さに秀吉は官兵衛を警戒するようになり、察した官兵衛も政権の中枢から自ら遠ざかっていった。その後は嫡男・長政を徳川家康に急接近させ、幕藩体制下での福岡藩の立藩を成功させている。

❖福岡城三ノ丸御鷹屋敷跡

官兵衛が晩年を過ごした福岡城内の屋敷跡。

画像提供：東京大学史料編纂所所蔵模写

第5位

一代で中国地方を制覇した謀略の鬼

毛利元就《もうりもとなり》

生没年：1497～1571年

総合 88.0

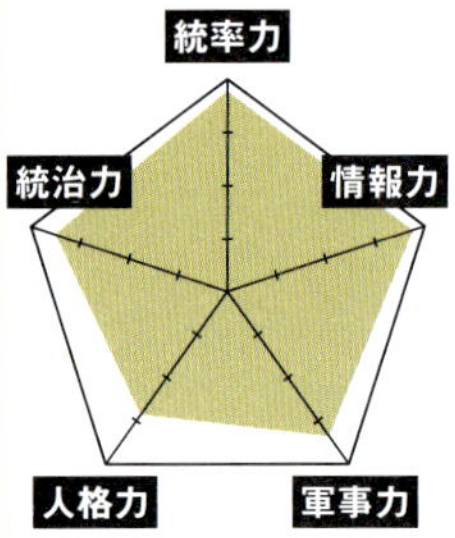

総じて高い評価を得ているが、生涯を通じて計略や騙し討ちを多用したことから人格力はやや落ちる結果となった。

統率力 19.2
先見性
実行力
計画性
出世

情報力 18.7
同盟外交
交易
情報収集
調略

軍事力 17.6
戦術
経験
兵器
逆境力

人格力 14.7
一貫性
メンタル
家柄
組織力

統治力 17.8
政策
経済力
商業振興
土地開発

❖毛利元就の墓

吉田郡山城の城内に建てられた元就の墓。元就の長男・隆元や毛利氏一族の墓も残されている。

本郷チェック

元就は、家来の謀殺、主家の乗っ取りなど、えげつないほど汚い手が使える人。ただ、待ちが上手く、機が熟すまで冒険しない。チャンス到来にすぐ動く、機を見るに敏な人だった。

有力者を倒し中国を平定 一門の結束にも力を注ぐ

戦国時代一の策士との呼び声が高い毛利元就が家督を継いだのは27歳のとき。源頼朝の功臣・大江広元を祖とする毛利家だが、当時は吹けば飛ぶような国人衆のひとつに過ぎなかった。

元就は尼子家、大内家という有力な戦国大名に挟まれながらも、両者の間を巧みに行き来しながら力を削ぎ、所領を拡大していった。

そのためには手段を選ばず、流言の流布、暗殺、奇襲、裏切り、調略などあらゆる謀《はかりごと》を利用している。

軍事指揮官としての能力も卓越しており、厳島の戦いでは2万もの陶晴賢の軍勢を相手に、わずか4000の手勢で完全勝利を収めた。

仲間割れで滅んだ家を数多く見てきたからか、一門の結束を殊の外大事にしたことでも有名。彼の子たちもその思いに応えて毛利家を盛り立てた。

❖池之内古戦場碑

尼子氏が攻め寄せた、吉田郡山城の戦いの激戦地に立つ石碑。

第6位

豊臣《とよとみ》秀吉《ひでよし》

足軽から天下人へ空前絶後の大出世

生没年：1536〜1598年

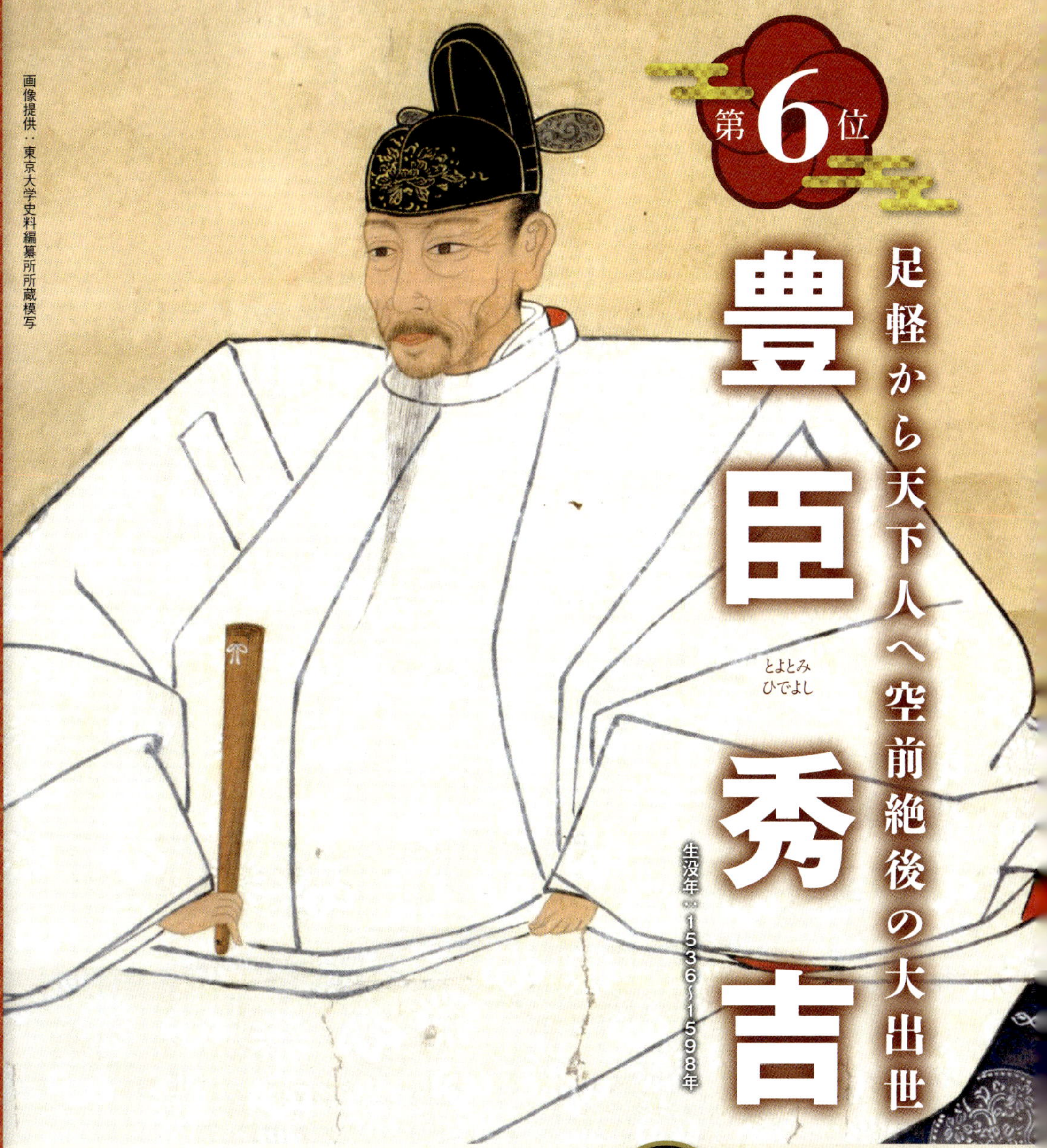

画像提供：東京大学史料編纂所所蔵模写

総合 87.7

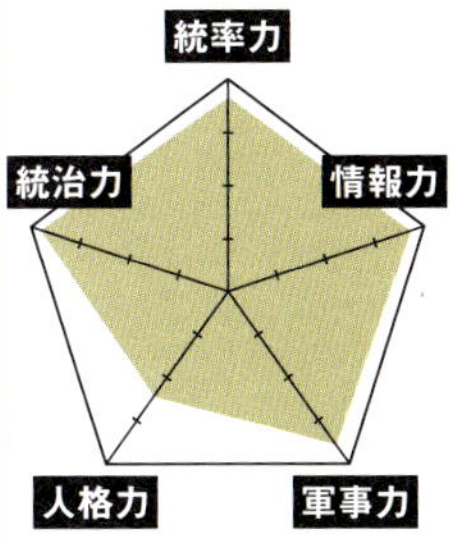

生涯を通じての巧みな戦いぶりと施策で総合的に高い評価を得ている。晩年の一門粛清や朝鮮出兵で人格力を落とした。

統率力 …… 18.4
- 先見性
- 実行力
- 計画性
- 出世

情報力 …… 19.3
- 同盟外交
- 交易
- 情報収集
- 調略

軍事力 …… 18.1
- 戦術
- 経験
- 兵器
- 逆境力

人格力 …… 12.6
- 一貫性
- メンタル
- 家柄
- 組織力

統治力 …… 19.3
- 政策
- 経済力
- 商業振興
- 土地開発

本郷チェック

秀吉はアイデアマンだが独創性はない。ただ創意工夫が上手で、使えるアイデアを昇華させる才能があった。しかし信長がいなければ…その点が僕の中で評価を下げる要因だ。

長浜城

小谷城攻めの功で信長から浅井長政の領地を拝領し、羽柴を名乗るようになった秀吉が築城した城。

天下統一への道程は見事 晩年の失策で政権は崩壊

豊臣秀吉の立志伝は、織田信長の草《ぞう》履《り》取りからスタートしたとされる。実力主義の織田家にあって、めきめきと頭角を現し、軍団のひとつを任されるまでに出世した。

譜代の家臣を持たない秀吉は、出世の途上で有能な人材を次々に発掘する。聡明な弟・秀長や、勇猛な加藤清正、福島正則に才気あふれる石田三成や大谷吉継など……。

信長が本能寺で不慮の死を遂げたころには、秀吉の軍団には天下獲りに十分な実力が備わっていた。彼らを縦横無尽に使いこなし、柴田勝家や徳川家康を退けて天下を統一し、関白に就いたところまでは完璧だった。

しかし晩年は、世継ぎの不在や、家中の不和といった不安要素からバランス感覚を失い、数々の失政によって政権の崩壊を早めることになった。

淀殿の墓

大阪市の中心部、梅田の太融寺に建つ秀吉の側室・淀殿の墓。

第7位

真田昌幸

徳川軍を2度退けた「表裏比興の者」

生没年：1547〜1611年

画像提供：東京大学史料編纂所所蔵模写

総合 85.4

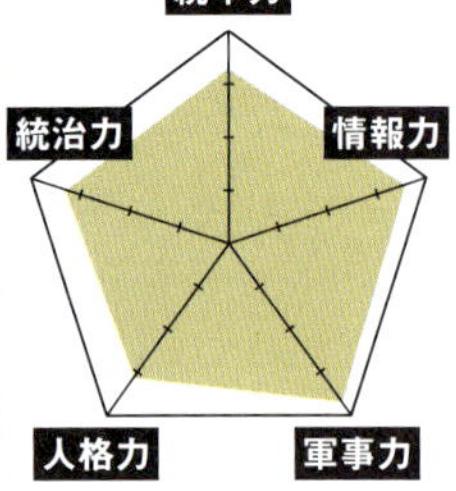

戦国武将に必要とされている能力をすべて備えている昌幸。テレビドラマの効果もあってか総じて高い評価を得た。

統率力 16.9
- 先見性
- 実行力
- 計画性
- 出世

情報力 17.9
- 同盟外交
- 交易
- 情報収集
- 調略

軍事力 18.2
- 戦術
- 経験
- 兵器
- 逆境力

人格力 15.6
- 一貫性
- メンタル
- 家柄
- 組織力

統治力 16.8
- 政策
- 経済力
- 商業振興
- 土地開発

❖岩櫃《いわびつ》城・潜龍院《せんりゅういん》跡

敗走する武田勝頼を迎えるために昌幸が急ぎ御殿を造営したが、勝頼は甲斐天目山で自刃してしまった。

本郷チェック

中小企業の星。中小企業の経営者としては優秀で真田商会を大きくした。だが、せいぜい10万石止まりだろう。叩き上げで秀吉と似ているが、主家の違いがふたりの命運を分けた。

信玄に「我が目の如し」と称された卓越した戦略眼

武田信玄を支えた「武田二十四将」のうち、真田家は3人を占めている。それが真田昌幸（武藤喜兵衛）とその兄・信綱と昌輝である。若くして俊才として知られた昌幸は信玄に可愛がられ「我が目の如し」と評された。

信玄の死後、その子・勝頼を昌幸は懸命に助けようとしたが、織田家の猛攻の前に主家は滅亡してしまう。

そこから昌幸の壮絶なサバイバルが始まった。北に上杉家、西に徳川家、南を北条家が取り巻く信濃で巧みに立ち回り、豊臣政権下で大名として生き残ることに成功する。

「第一次上田合戦」で徳川家の大軍を退けた昌幸を家康は非常に警戒し、自らの養女を昌幸の嫡男・信幸に輿《こし》入れさせている。秀吉の死後、家康の予感は的中し、昌幸は再び上田の地で徳川軍を苦しめることになった。

❖上田城

昌幸が普請し徳川軍を２度も撃退した名城。

第8位

上杉謙信《うえすぎけんしん》

乱世にあって義を貫いた「越後の龍」

生没年：1530～1578年

画像提供：東京大学史料編纂所所蔵模写

総合 85.0

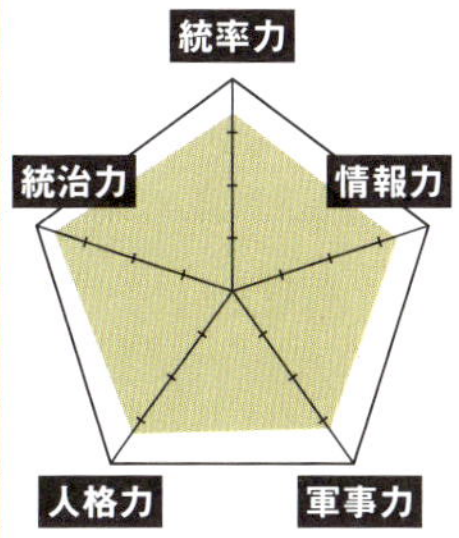

ランキング上位の武将は手段を選ばず敵を倒したことから人格力がやや低い傾向にあるが、義に生きた謙信は例外だ。

統率力 …… 16.8
先見性
実行力
計画性
出世

情報力 …… 16.9
同盟外交
交易
情報収集
調略

軍事力 …… 15.9
戦術
経験
兵器
逆境力

人格力 …… 17.3
一貫性
メンタル
家柄
組織力

統治力 …… 18.1
政策
経済力
商業振興
土地開発

❖春日山城

今も難攻不落と言われた城の残り香を感じられる、自然の起伏を活かし築城された謙信の居城。

本郷チェック

義の武将という割には人身売買も行なっている。天才肌かもしれないが、新しい世の中を切り開ける人ではなかった。最大のチョンボは後継者をきちんと決めなかったこと。

生涯妻を娶らず戦いに生きた毘沙門天の化身

血で血を洗う戦国時代の大名たちは、基本的に自分の家を大きくすることしか考えていない。隣国に先んじなければ、こちらが出し抜かれてしまうからだ。そんななかで、実に珍しい動きを見せたのが、越後の上杉謙信だ。

越後を統一した後は、武田信玄に信濃を追われた村上義清らが助力を求めてくれば川中島に出兵し、関東管領《かんれい》の上杉憲政《のりまさ》が北条家に悩まされていると聞けば、関東まで出張って戦った。自分の野心ではなく、弱き者などを助けるために軍を動かしたのだ。

上杉軍は大義に燃える主君の心が乗り移ったかのように戦い、70回余りも戦を重ねて9割以上の勝率を誇った。

宿敵・信玄と同じく、謙信もまた、織田信長を討たんと上洛の準備をしていた（関東出兵説もある）ところ、脳《のう》溢血《いっけつ》に倒れ世を去った。

❖雨宮之渡

第４次川中島の戦いで武田軍を急襲するため、上杉軍が渡河した地点。

第9位

片倉景綱《かたくらかげつな》

生涯を主君のために捧げた奥州の智将

生没年：1557〜1615年

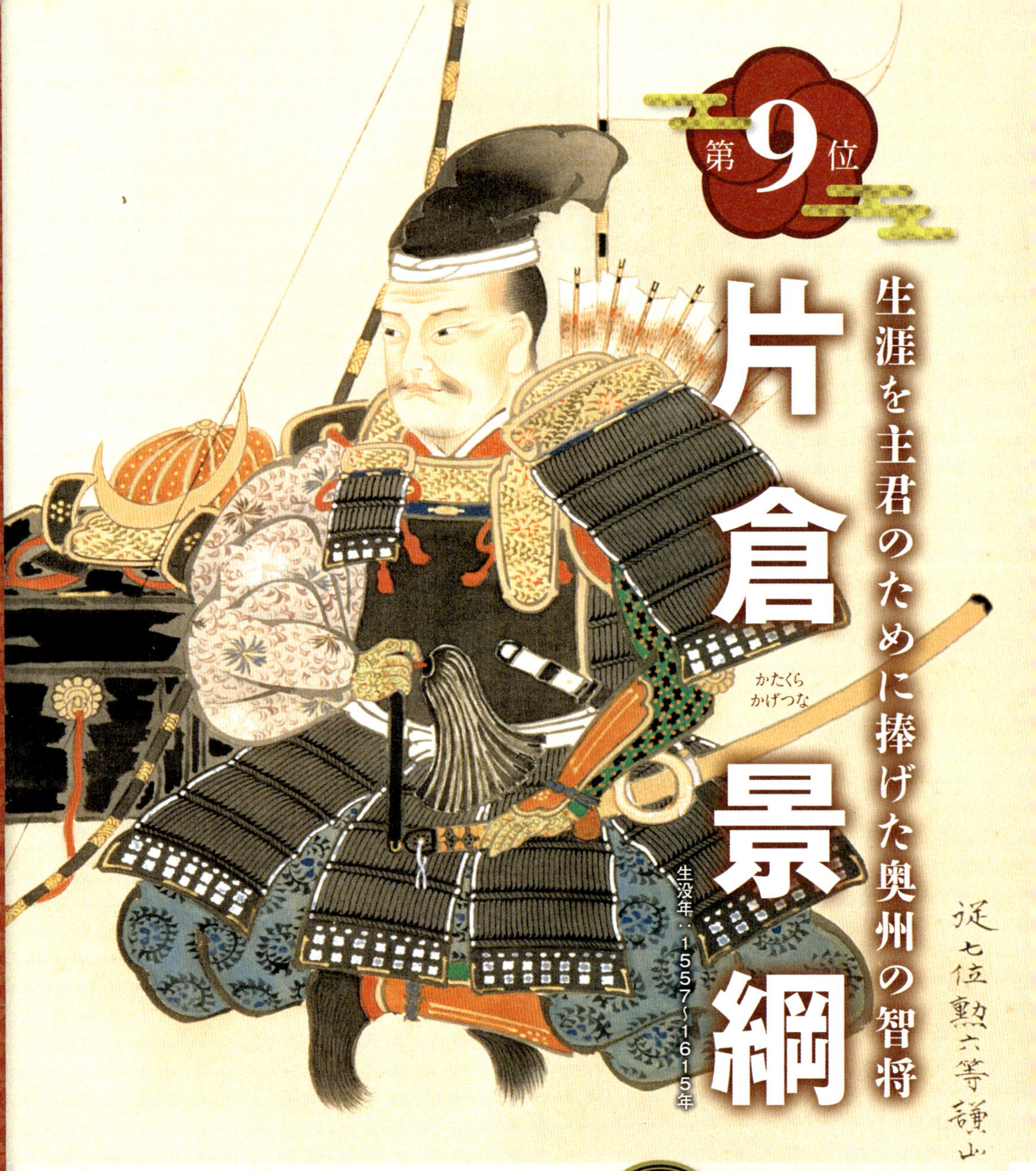

総合 84.6

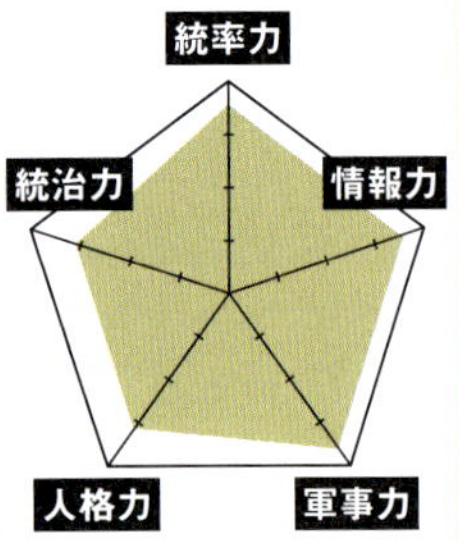

智謀・武勇双方を伝える逸話が残っていることと、ファン人気の高さから、すべての分野でバランス良く高評価を得た。

統率力 17.2
- 先見性
- 実行力
- 計画性
- 出世

情報力 17.3
- 同盟外交
- 交易
- 情報収集
- 調略

軍事力 17.3
- 戦術
- 経験
- 兵器
- 逆境力

人格力 17.0
- 一貫性
- メンタル
- 家柄
- 組織力

統治力 15.8
- 政策
- 経済力
- 商業振興
- 土地開発

❖人取橋古戦場

人取橋の戦いの古戦場跡。この戦いで討ち死にした猛将・鬼庭左月斎の子孫が古戦場跡に石碑を建立した。

本郷チェック

景綱が第9位に入ったのは、伊達政宗の片腕としての人気か？　それとも、女性が感情を込め易い政宗の傅役《もり》としてのエピソードも多く残るため、そんな女性票を集めたのか？

ときには優しくときには厳しく主君を叱咤した

戦国時代後期に奥州を制した「独眼竜」伊達政宗の右腕が片倉景綱である。家中随一の武勇を誇った伊達成実《しげざね》とともに、優れた智謀と冷静な判断力で政宗を助けた。

疱瘡《ほうそう》の後遺症で右目が腫れ上がり、引っ込み思案になってしまった幼少時の政宗を奮い立たせるため、短刀で腐った右目をえぐり出したとの逸話も伝わる。

伊達家が周辺勢力の総攻撃を受けて危機に陥った人取橋の戦いは、政宗の生涯でも最大の危機であったが、これを救ったのも景綱だった。彼は「政宗ここにあり！」と叫んで敵の目を引きつけ、主君を逃したという。

その忠臣ぶりに目をつけた豊臣秀吉が直臣にせんと所領を与えようとしたが、景綱はあくまでも政宗への忠義を貫き、申し出を拒否している。

❖白石城

景綱の入城後、明治維新まで片倉家の居城となる。

第9位

智将の血を受け継いだ冷静沈着な男

小早川隆景《こばやかわたかかげ》

生没年：1533～1597年

画像提供：東京大学史料編纂所所蔵模写

総合 84.6

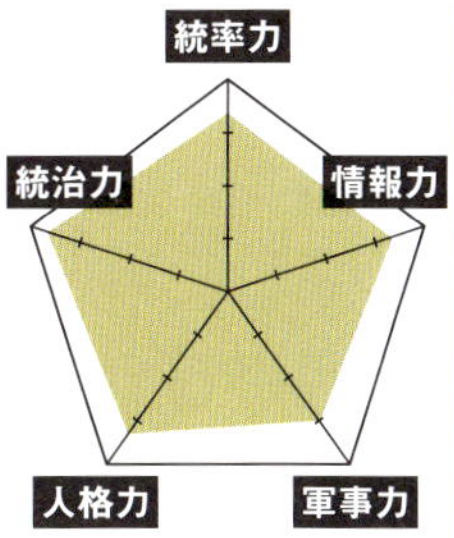

知略や外交手腕に優れるだけではなく、水軍を率いて父の中国地方統一事業にも貢献するなど、まんべんなく評価を得た。

統率力 17.3
先見性
実行力
計画性
出世

情報力 16.5
同盟外交
交易
情報収集
調略

軍事力 16.3
戦術
経験
兵器
逆境力

人格力 17.5
一貫性
メンタル
家柄
組織力

統治力 17.0
政策
経済力
商業振興
土地開発

本郷チェック

毛利3兄弟の中で父・元就に一番似ている。水軍の指揮もでき、軍事指揮では手堅いというか堅実な印象。秀吉が毛利を離れた独立大名として取り立てたのも、そのためだろうか。

❖ 高山城

小早川本家の当主となった隆景が入城した安芸・高山城。だが、わずか2年で沼田川を挟んだ対岸に新高山城（左下）を築き居城を移している。

その頭脳で毛利家を支え豊臣政権下では五大老に

毛利元就には、3人の有力な男子がいた。温厚な教養人である隆元、勇猛果敢で抜群の槍働きを見せる吉川《きっかわ》元春、そして父譲りの頭脳を受け継いでいたのが小早川隆景である。

隆景は幼いころ、元就の外交戦略によって小早川家の養子となる。まだまだ力が弱い毛利家の戦力を手っ取り早く強化するため、有力な豪族の家を自分の子どもに継がせたのである。

隆景は期待に応えて家中をまとめ、父の覇業に貢献した。元就の死後は、兄・隆元の嫡男・輝元を支え、いち早く豊臣秀吉の実力を見抜き接近する。

秀吉が天下を握ると、政権の要・五大老にまで任じられ、朝鮮出兵の際も一軍を任されている。

異国の地でも「碧蹄館《へきていかん》の戦い」で明・朝鮮の軍を少数の兵で圧倒したが、これが隆景最後の活躍となった。

❖ 新高山城

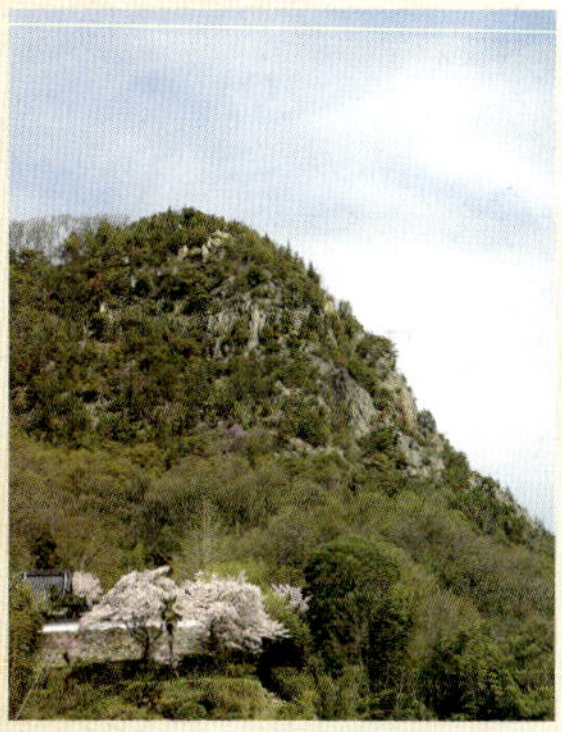

隆景が築城し三原城に移るまで本拠とした城。

第11位

伊達《だて》政宗《まさむね》

生まれるのが遅すぎた「独眼竜」

生没年：1567～1636年

画像提供：霊源院・東京大学史料編纂所所蔵模写

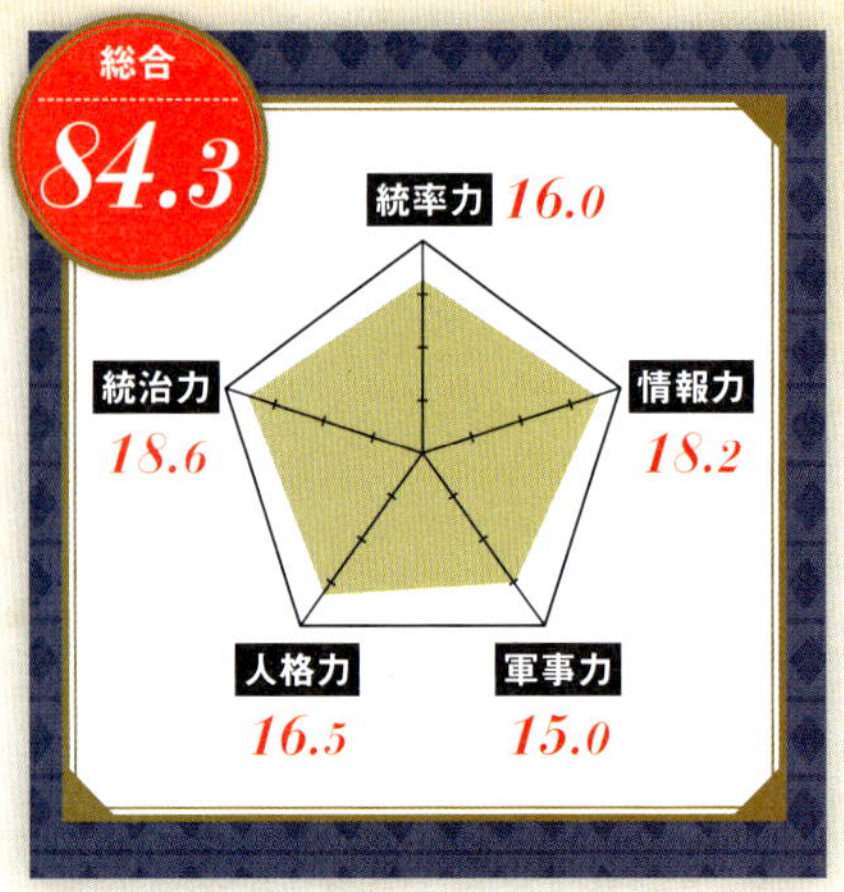

大きな野望を内に秘めつつ徳川政権下では重鎮となる

あだ名の「独眼竜」は、幼いころに病気で右目を失ったことに由来する。

その伊達政宗が家督を継いだのは弱冠18歳のとき。そこから、わずか5年で奥州南部を制覇してみせた。ところが、その頃にはすでに豊臣秀吉が日本全土を統一しようとしていた。政宗は野望を隠して臣従し、次なる天下人である徳川家康に急接近し、仙台藩を立藩。

当初の思惑とは裏腹に、晩年は相談役として徳川将軍家に重宝がられた。

第11位

蒲生《がもう》氏郷《うじさと》

信長の寵愛を一身に受けた才気あふれる勇将

生没年：1556～1595年

画像提供：東京大学史料編纂所所蔵模写

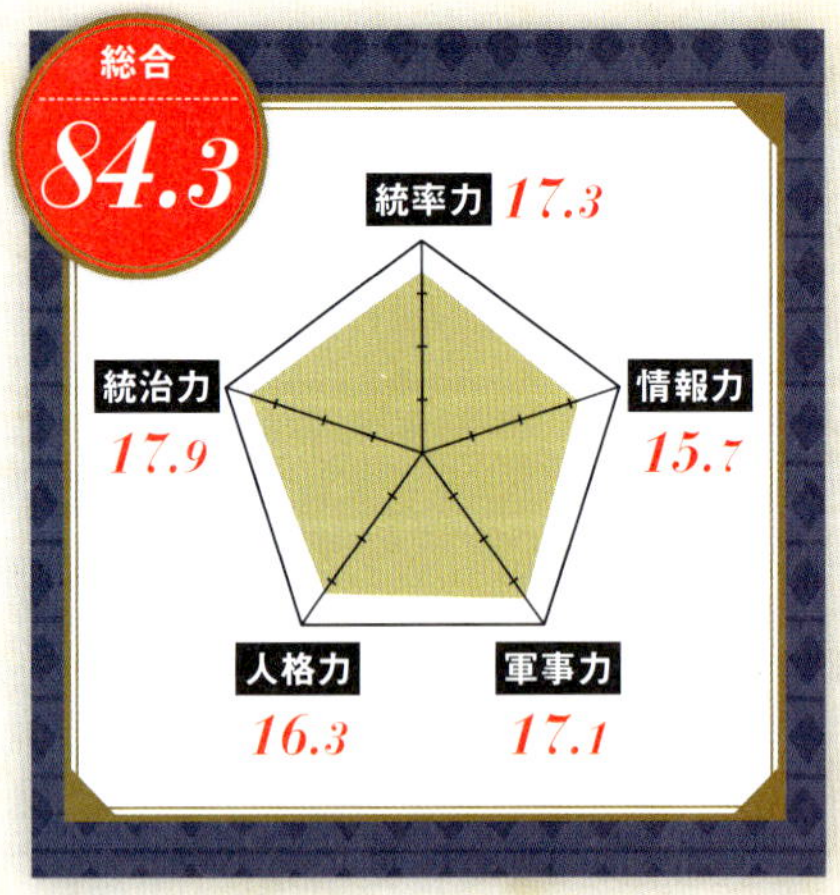

信長と秀吉から絶大な信頼を寄せられるも早逝した

最初に氏郷が織田家中に入ったのは、人質としてであった。しかし、その非凡な才能を見抜いた信長は、なんと自らの娘を娶らせ、氏郷を幹部として育成しようとした。

姉川の戦いや長篠の戦いといった合戦で経験を積むにつれ、氏郷は信長が見込んだ通りの名将に成長。信長の死後も豊臣秀吉の信頼を得て、伊達政宗への押さえとして会津を任されるが、40歳という若さでこの世を去った。

第13位

北条《ほうじょう》早雲《そううん》

関東を呑み込んだ北条家の祖

生没年：1432～1519年

画像提供：小田原城天守閣

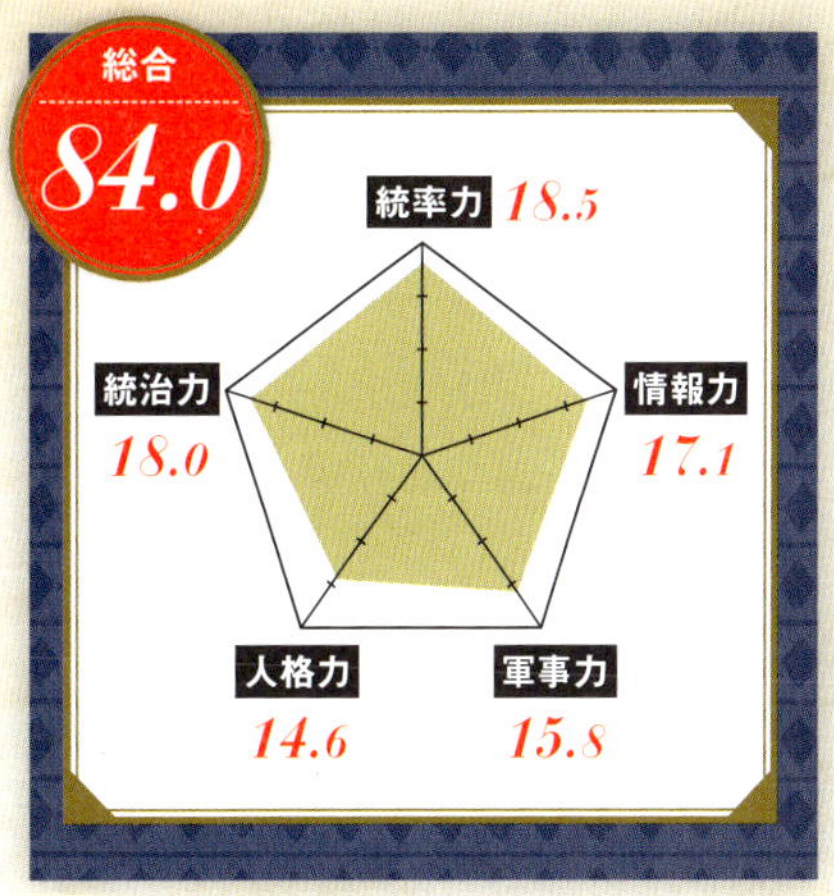

関東へ流れ着いた元幕臣 一代にして二国を手中に

関東一円を支配した北条家の礎を築いたのが北条早雲である。元幕臣でのちに駿河の今川家に移り、功績を挙げて一城の主となると、隣国・伊豆の混乱に乗じて足利茶々丸を追放して切り取ってしまった。まさに下剋上だ。

そして後に北条家の本拠地となる小田原城を陥落させ、相模をも手中にした。苛烈な領土拡大から冷酷な人間との印象が強いが、農民が負担する年貢を軽くするなど、人心掌握にも長《た》けていた。

第14位

島津《しまづ》義弘《よしひろ》

「関ヶ原の戦い」での敵中突破は語り草

生没年：1535～1619年

画像提供：尚古集成館

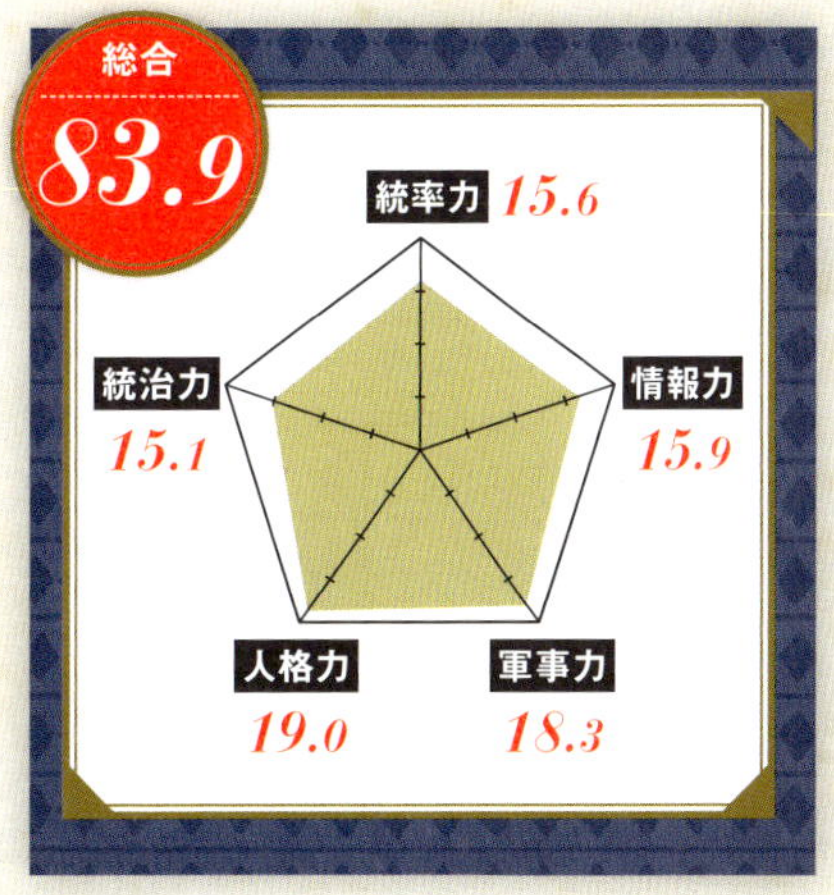

日本だけではなく朝鮮でも 名を轟かせた戦国最強の男

「戦国時代最強の武将」の呼び声も高い島津義弘は、貴久の次男として生まれた。兄・義久が家督を継ぐと、それを抜群の武勇で支え九州各地を転戦。

島津家が豊臣秀吉に降伏すると、朝鮮出兵などで尖兵として活躍した。「関ヶ原の戦い」では成り行きで西軍に属したが本戦では積極的には戦わず、大勢が決すると300ほどの兵で突如東軍の真ん中めがけ突撃を開始、ほとんどの兵を失いながらも薩摩に帰還した。

第15位 竹中《たけなか》半兵衛《はんべえ》

若くして死んだ伝説の天才軍師

生没年：1544～1579年

画像提供：東京大学史料編纂所所蔵模写

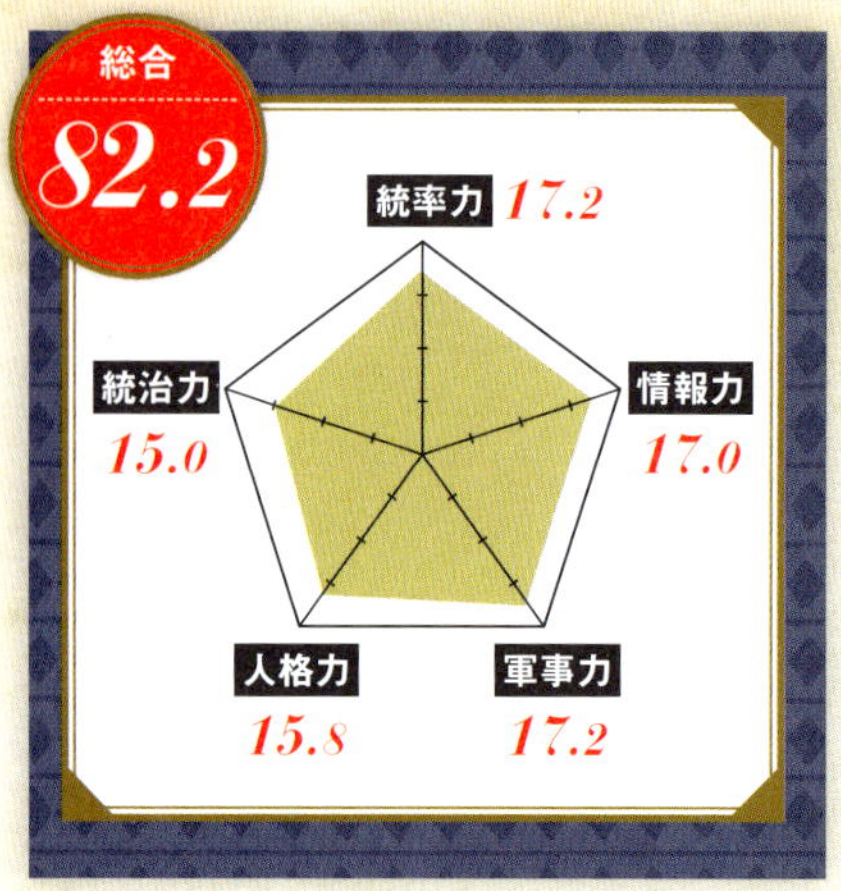

16人で稲葉山城を占拠！ 織田家の軍師として活躍

豊臣秀吉の軍師として有名だが、もとは美濃の斎藤家の家臣。女性のような容姿から軽んじられたことに我慢がならず、わずか16人の手勢で本拠地の稲葉山城を占拠してしまったとの逸話が残る。

その後、城をあっさりと主君に返し、主家が織田家に滅ぼされるとこれに仕えた。秀吉のもとで黒田官兵衛とともに参謀として活躍するが、三木城攻略戦の最中に36歳という若さでこの世を去ってしまった。

第16位 細川幽斎《ほそかわ ゆうさい》

生没年：1534～1610年

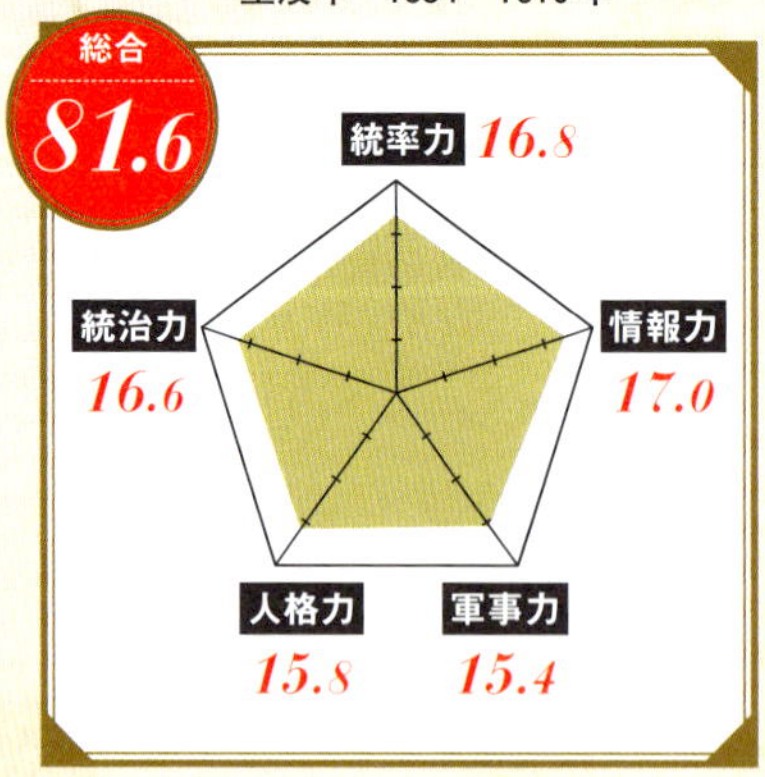

画像提供：東京大学史料編纂所所蔵模写

戦国屈指の世渡り上手で 当代一流の文化人の顔も

名門・細川家の当主として室町幕府に仕えていた幽斎は、その滅亡を見届けると織田家に、次いで豊臣秀吉、徳川家康に接近するなど素早く時流を読む人であった。

また二条流の歌道伝承者・三条西《さんじょうにし》実枝《さねき》から古今伝授を受けるなど武将の域を超えた文化人だった。

第17位 斎藤道三《さいとう どうさん》

画像提供：東京大学史料編纂所所蔵模写

生没年：1494～1556年

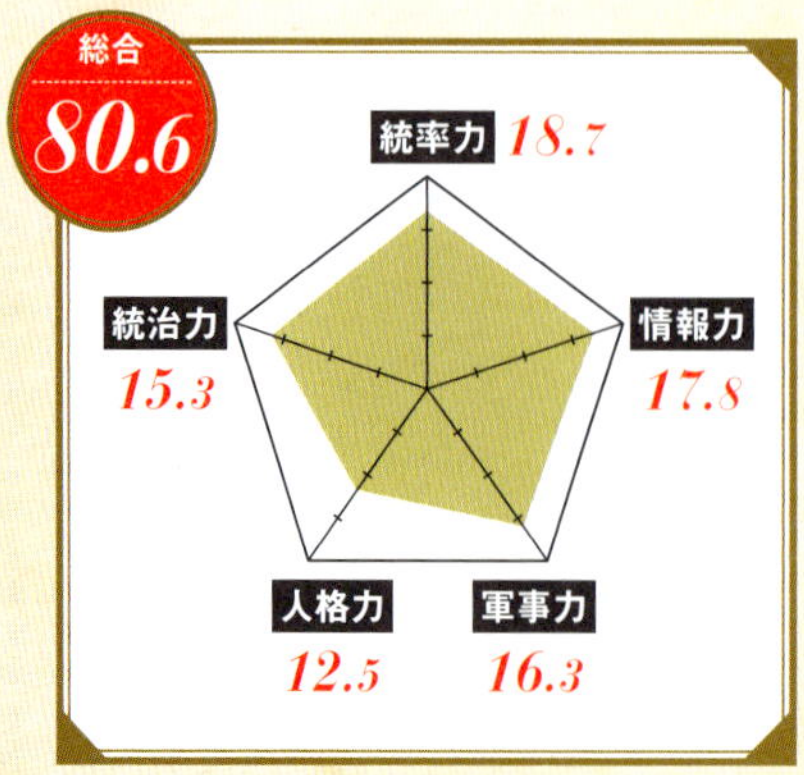

油売りから美濃一国の主へ 下剋上を体現してみせた

「美濃のマムシ」と呼ばれた斎藤道三の出自ははっきりしない。油売りの商人として成功し、土岐《とき》家に仕えたところから歴史に登場する。

土岐頼芸《よりのり》に取り入ると、対立する者を次々と謀略で排除。ついには主君も追い出して美濃を手に入れた。因果応報か、最後は息子に討たれた。

第17位

三好《みよし》長慶《ながよし》

謀略戦を制し一時は畿内を支配下に置いた

生没年：1522～1564年

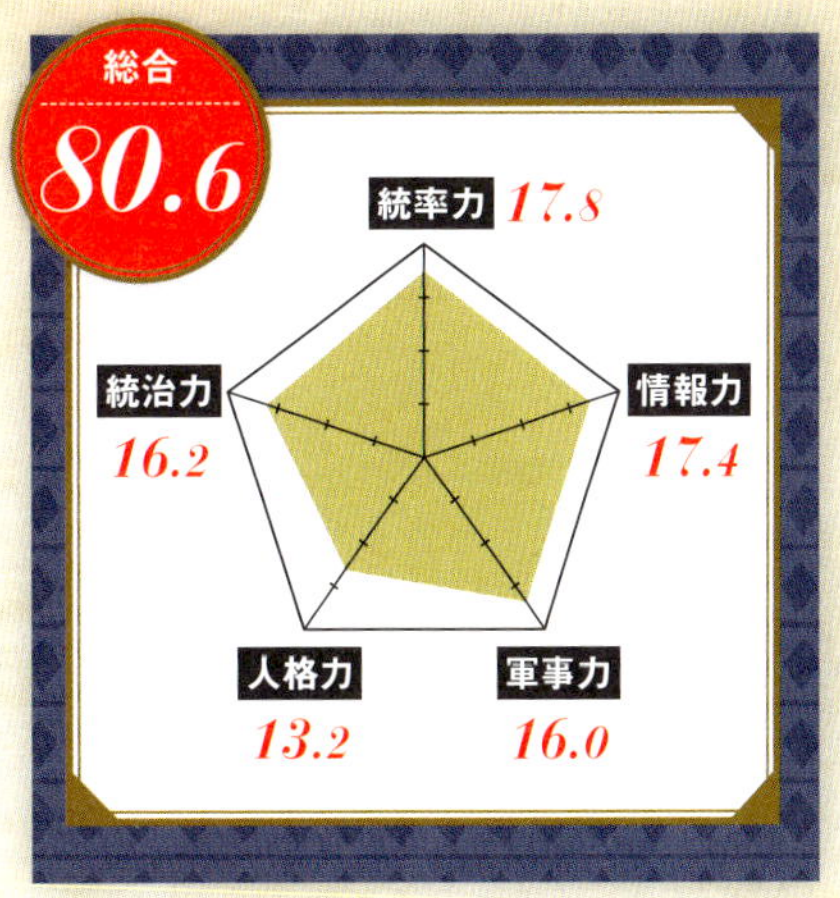

父の仇である細川家を打倒 権勢は足利将軍をも上回る

長慶を生んだ三好家は、細川家の下で阿波や畿内に領地を持っていたが、細川晴元の謀略で父は殺され、領地も奪われてしまった。

細川家のもとで復讐の機会を待っていた長慶はやがて晴元を排除し京都を制圧、足利将軍をも追放するほどの権勢を誇った。当時は天下といえば畿内のことだったから、実質的に「三好政権」を築いたといえる。しかし長続きはせず、部下の松永久秀の台頭を許し、病死した。

画像提供：東京大学史料編纂所所蔵模写

第19位

直江《なおえ》兼続《かねつぐ》

徳川家康にも臆せず「直江状」を送りつける

生没年：1560～1620年

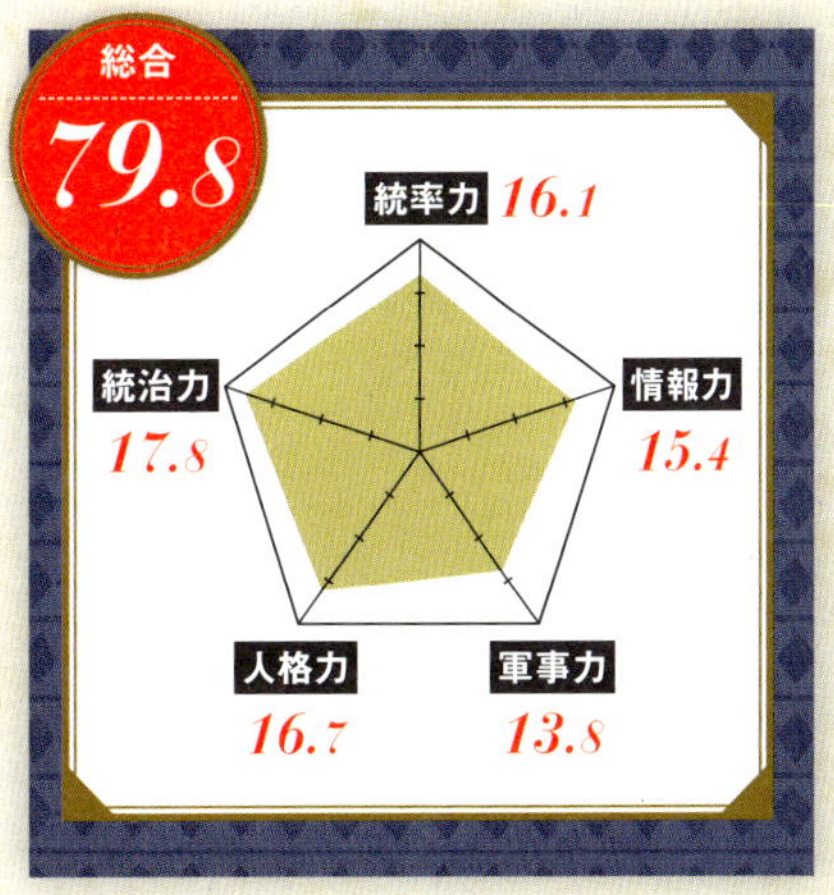

義の心を持つ上杉家の柱 関ヶ原のきっかけを作った

兼続は樋口家から養子として直江の家に入り、幼いころから５歳上の上杉景勝に仕えた。謙信の跡目争い「御館《おたて》の乱」の際は景勝を当主にするため奮闘し、第一の家臣となる。豊臣秀吉にも気に入られるが、あくまでも上杉家へ忠義を尽くした。

石田三成と昵懇《じっこん》で兼続が徳川家康に「直江状」を送ったことが関ヶ原の戦いの契機となった。主家が敗れ領土が４分の１ほどになった後も、景勝を支え続けた。

画像提供：米沢市上杉博物館

第19位

前田利家《まえだとしいえ》

盟友の家臣となる道を選び豊臣政権を支える

生没年：1538～1599年

画像提供：東京大学史料編纂所所蔵模写

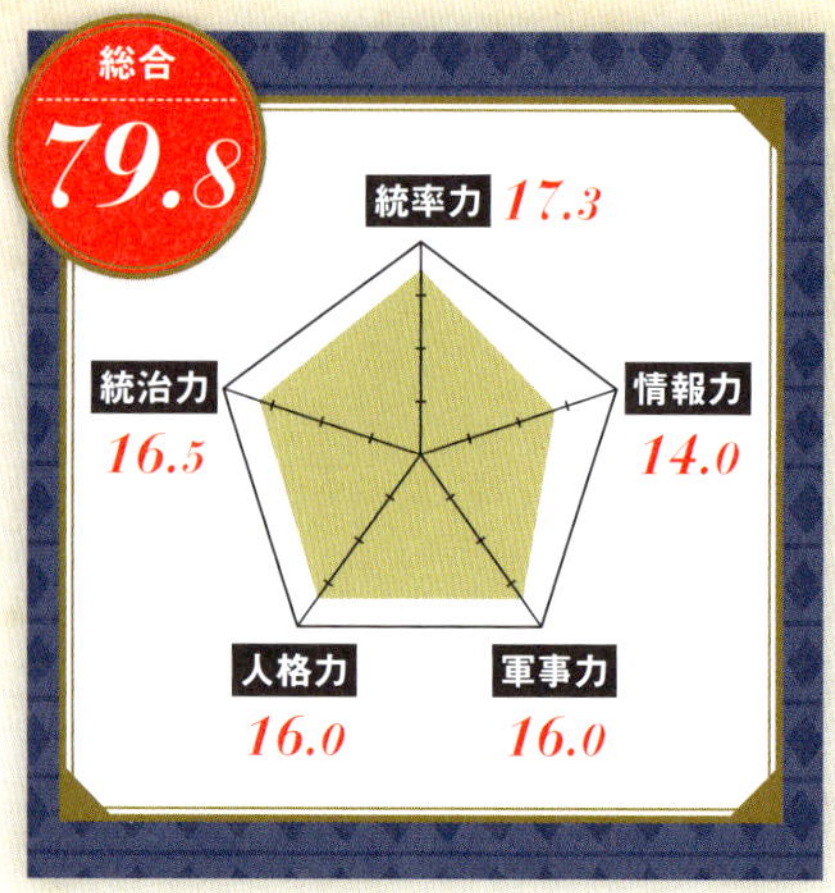

傾奇者《かぶき》の「槍の又左」から豊臣政権を支える五大老に

前田利家は尾張の生まれで、幼少のころから織田信長に仕えた。派手好きな性格で「槍の又左」の異名をとり、各地で転戦して武功を重ねる。柴田勝家の与力だったが、信長の死後に親友・豊臣秀吉が台頭すると、これを支えた。

豊臣政権では五大老に任じられ、武闘派の武将たちからもっとも信頼された大名だった。秀吉の死後、天下獲りに邁進《まいしん》した家康も、利家の存命中は手が出せなかったほどである。

第21位

大谷吉継《おおたによしつぐ》

親友・石田三成のために命を捧げた名将

生没年：1558～1600年

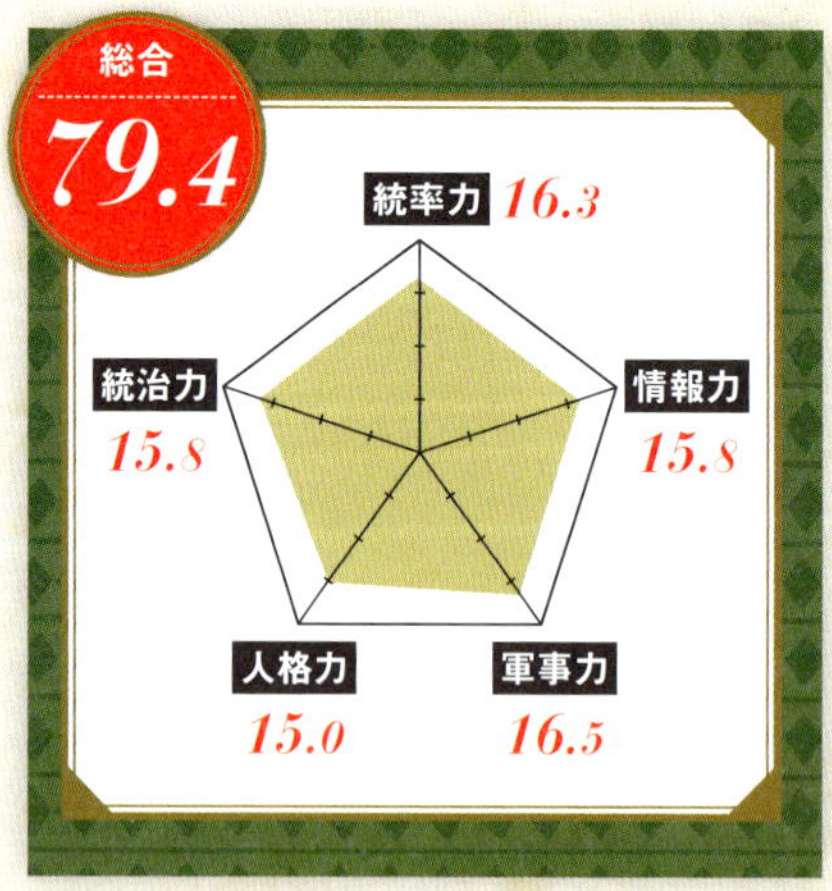

秀吉も太鼓判を押した俊才 発病後も豊臣を守り奔走

大谷吉継は石田三成と同じ近江国の出身といわれ、三成の勧めで豊臣秀吉に仕えたといわれる。豊臣政権では官僚として秀吉の軍事行動を支え、秀吉は「100万の兵を指揮させてみたい」とその才能を絶賛した。

病気にかかって身体が思うように動かなくなっても豊臣家を守るために奔走し、三成が打倒・家康の兵を挙げると、勝ち目が薄いと悟りながらも参加した。関ヶ原の戦いで奮戦するも敗れ自害した。

第22位 北条氏康《ほうじょう うじやす》

3代目にして北条家を関東の覇者とした

生没年：1515～1571年

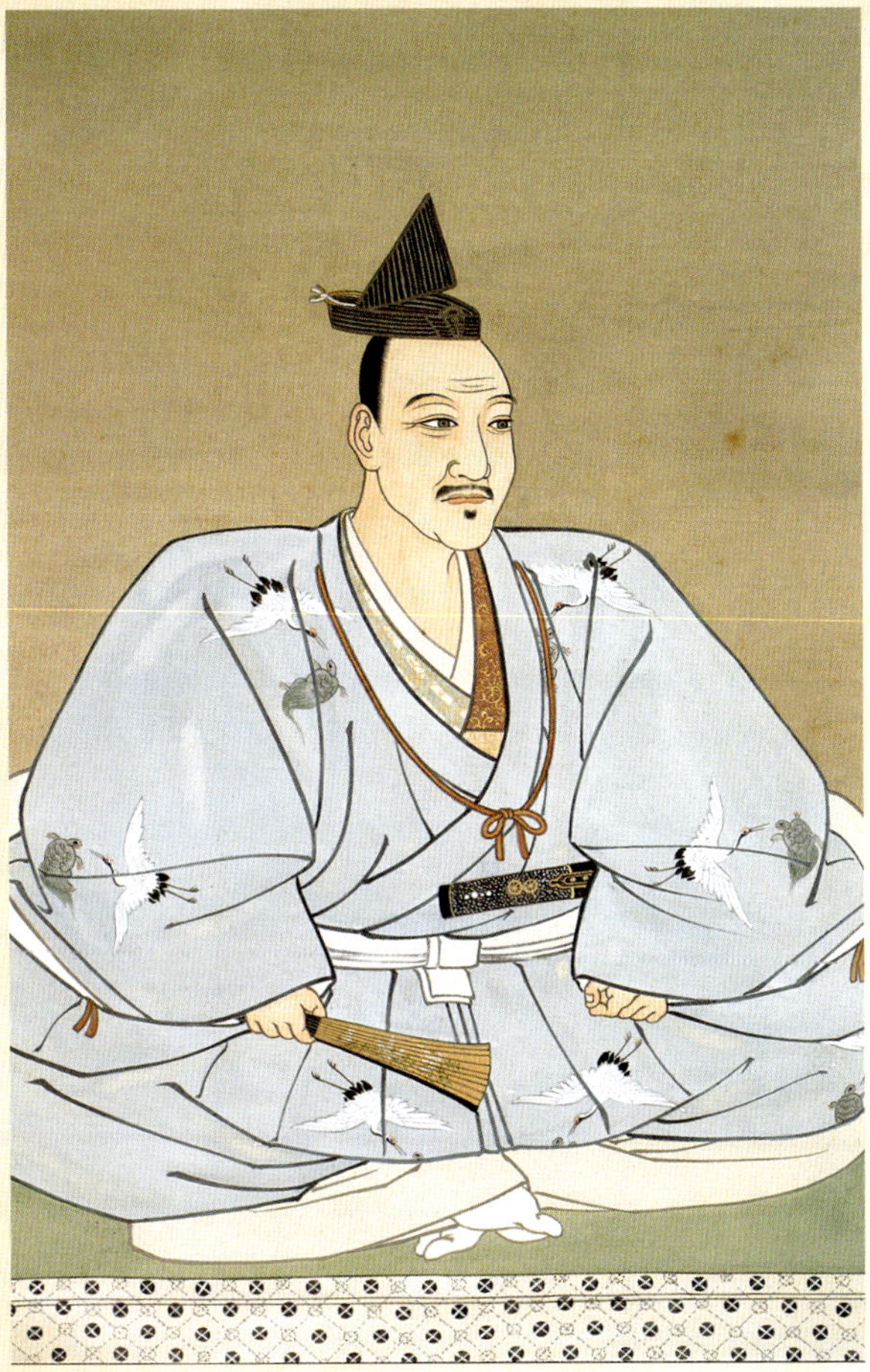

画像提供：小田原城天守閣

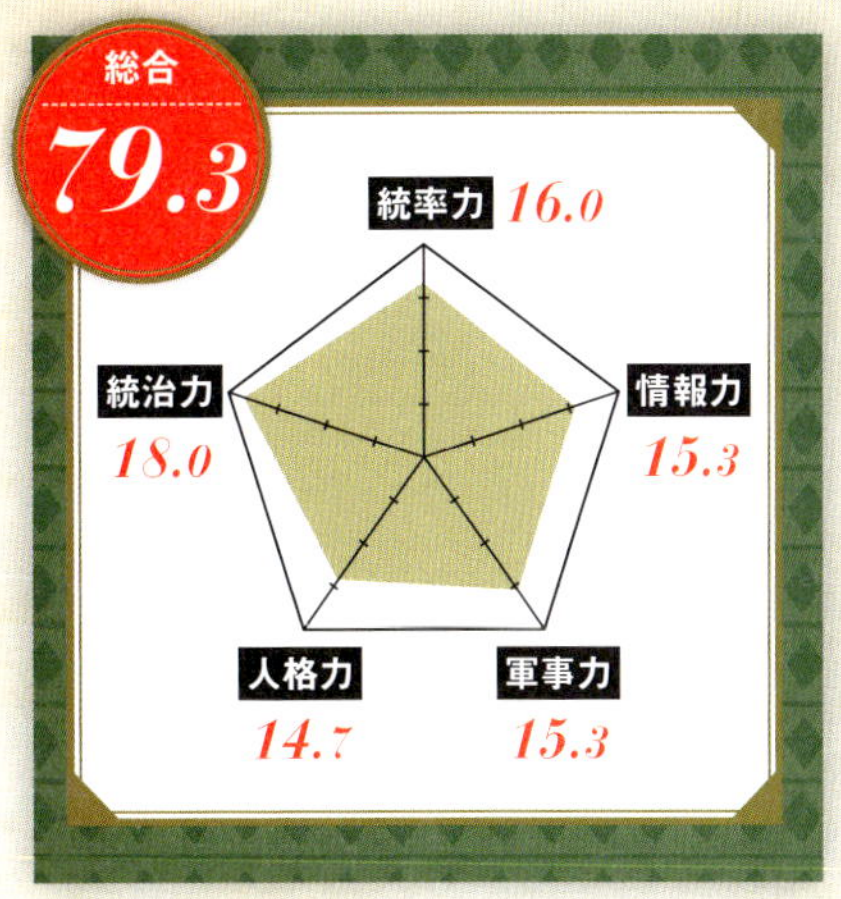

南関東一円を手中に収める 信玄・謙信と渡り合った

北条早雲が伊豆・相模に築いた版図は２代目・氏綱に受け継がれ、武蔵などに勢力が広がった。しかし氏康が27歳のときに氏綱が亡くなると、周辺勢力がここぞとばかりに挙兵し、８万の連合軍で河越城に攻め寄せてきた。

これに氏康はわずか8000の兵で立ち向かい、夜襲によってさんざんに打ち破る。南関東一円に勢力を広げてからは、武田信玄、上杉謙信、今川義元らとわたり合い、所領を守っている。

第23位 宇喜多直家《うきた なおいえ》

生没年：1529～1582年

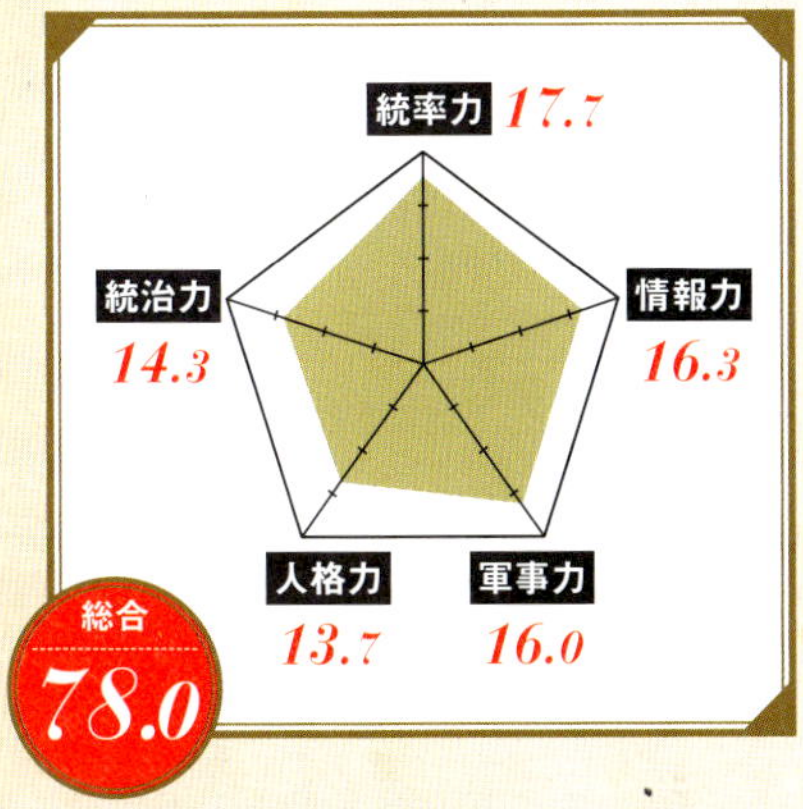

裏切り・暗殺はお手の物 時代を代表する陰謀家

宇喜多直家は播磨の浦上家の家老を祖父に持ち、将来を嘱望《しょくぼう》されていた若武者だったが祖父が暗殺されると、逃亡生活を余儀なくされる。再び家臣に取り立てられると、裏切りはもちろん狙撃による暗殺、毒殺、美人局《つつもたせ》などあらゆる手段を用いて主家から独立した。その後、織田信長が中国攻めを開始すると信長に臣従した。

第23位 尼子経久《あまご つねひさ》

生没年：1458～1541年

画像提供：東京大学史料編纂所所蔵模写

一介の素浪人からの再起 尼子家を戦国大名化した

尼子家は守護代として出雲に入った一族である。その家を継いだ経久だったが、幕府と主家とのいざこざで城を追い出され一介の素浪人となってしまう。しかし諸国を放浪し手勢を集めると、奇策でかつての本拠地を奪還。尼子家の戦国大名化への道筋をつけた。

画像提供：東京大学史料編纂所所蔵模写

第26位 細川忠興

ほそかわ ただおき
生没年：1563～1646年

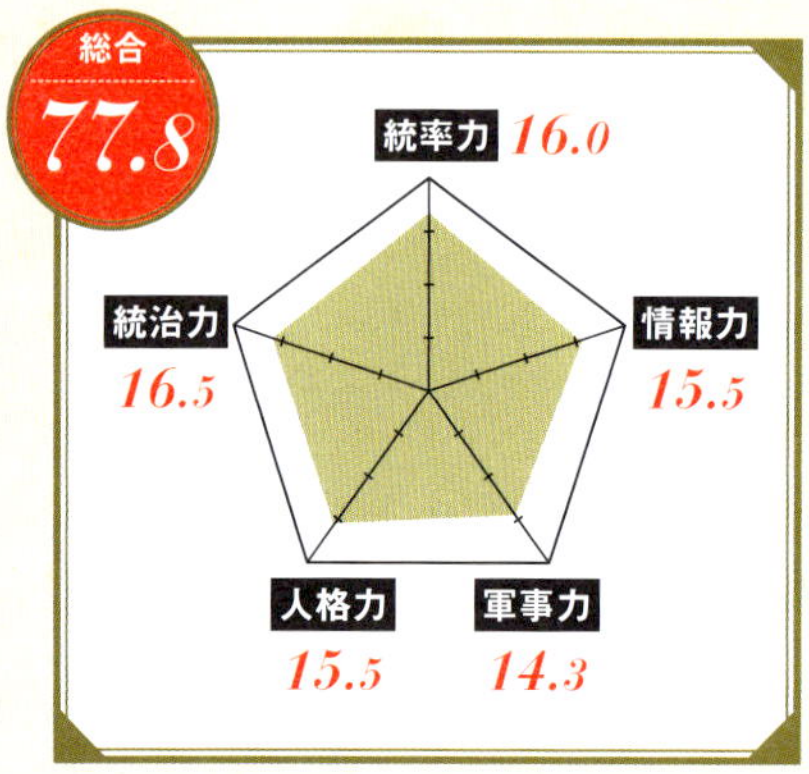

豊臣政権の武断派筆頭 父とは違い気が短かった

細川忠興は、文化人として名高い幽斎の嫡男である。父の盟友・明智光秀の娘を娶ったが、本能寺の変後は豊臣秀吉に味方した。能力は高いものの、感情の起伏が激しい人物だったらしく、妻・ガラシャを幽閉したり、人質となった際には自害を命じるなど嫉妬深い一面もあった。

第23位 加藤清正

かとう きよまさ
生没年：1562～1611年

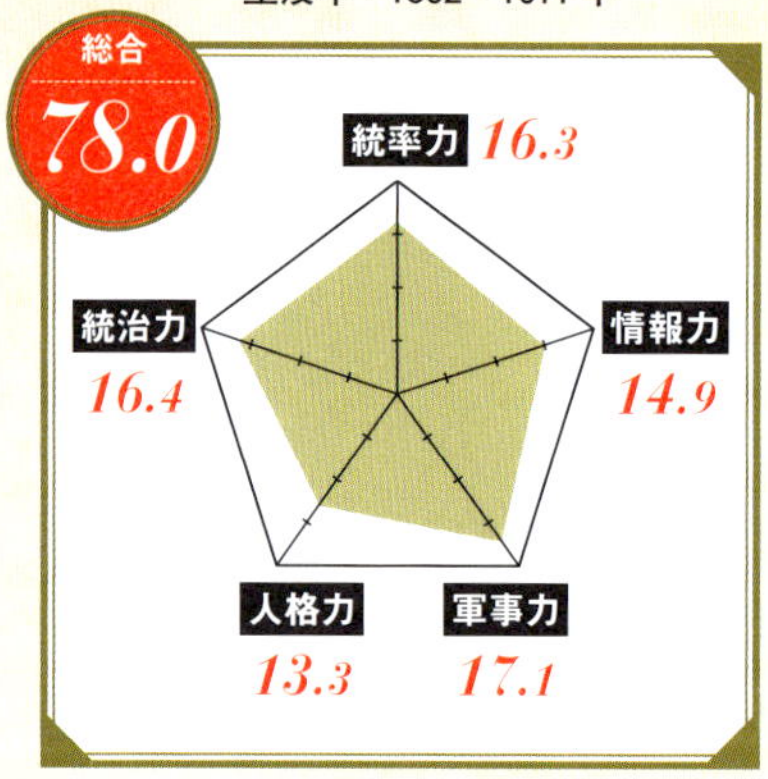

画像提供：東京大学史料編纂所所蔵模写

戦国屈指の城造りの名人 主家の滅亡を見ずに逝《い》く

加藤清正は豊臣秀吉の親戚だったため、幼いころより実の子どものように育てられた。賤ヶ岳の戦いをきっかけに頭角を現し、家中きっての武闘派として各地を転戦する。関ヶ原の戦いでは東軍につくものの、戦後も豊臣家を案じ続け、その滅亡前に急死した。

第28位 朝倉孝景

あさくら たかかげ
生没年：1493～1548年

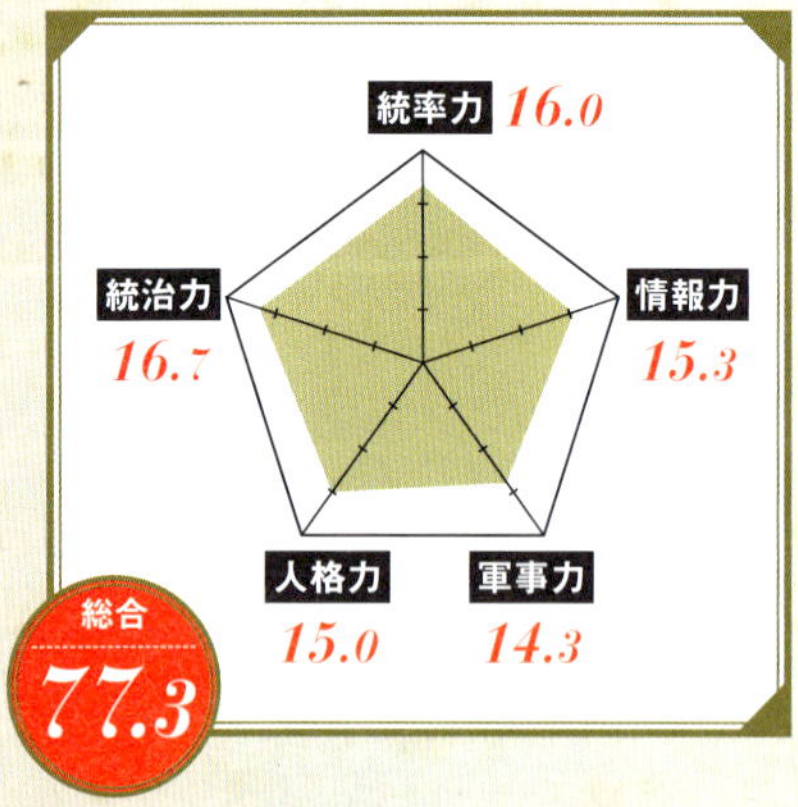

朝倉家を急成長に導き 優れた家訓と内政を残す

朝倉家は越前を支配した戦国大名である。孝景はその中興の祖として、一門の名将・宗滴《そうてき》の補佐を受けて、動乱の最中にあった加賀、美濃、近江、若狭を舞台に戦い、朝倉家の権威を確立した。また本拠・一乗谷城に京風の城下町を建設し、優れた家訓も残している。ちなみに、曽祖父と同名なのは、曽祖父にあやかって名付けたためだ。

第27位 長宗我部元親

ちょうそかべ もとちか
生没年：1539～1599年

画像提供：東京大学史料編纂所所蔵模写

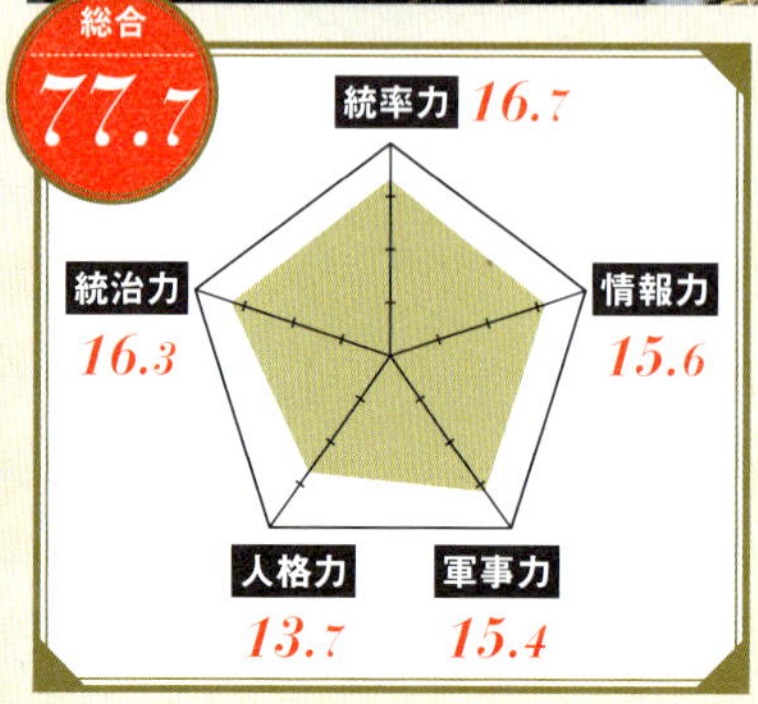

かつての姫若子が急成長 四国統一目前で涙を呑む

土佐の豪族・長宗我部家の嫡男として生まれた元親は、幼いころはひ弱で「姫若子《ひめわこ》」と呼ばれた。しかし家督を継ぐと抜群の統率力を発揮し、土佐のみならず讃岐、阿波をも支配し全国有数の大名にのしあがった。最後は羽柴秀吉の覇業に屈し、臣従した。

第29位

立花《たちばな》宗茂《むねしげ》

「豪勇鎮西一」と賞賛された勇将

生没年：1567～1642年

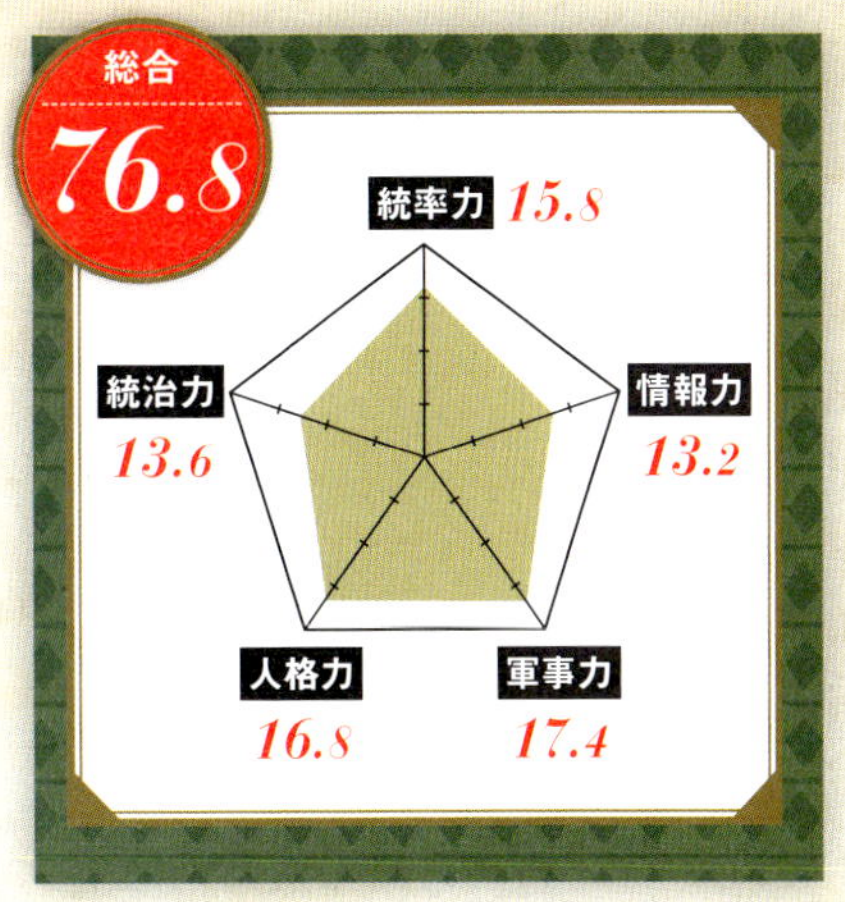

ふたりの父から受け継ぐ武勇
異例の領地復活を許される

立花宗茂は豊後の大友宗麟に仕えた猛将・高橋紹運の嫡男である。同じく宗麟の家臣である立花道雪には男子がなく、親友である紹運に頼んで宗茂を養子に迎え入れた。ふたりの優れた父から薫陶《くんとう》を受けた宗茂は西国一の勇将として成長し、大友家が豊臣家に吸収されると秀吉の下で各地を転戦する。関ヶ原の戦いでは西軍に付き改易されるものの、その武勇を惜しんだ徳川秀忠によって大名に返り咲いた。

画像提供：東京大学史料編纂所所蔵模写

第30位

上杉《うえすぎ》景勝《かげかつ》

果敢に徳川家康に逆らった軍神の後継者

生没年：1556～1623年

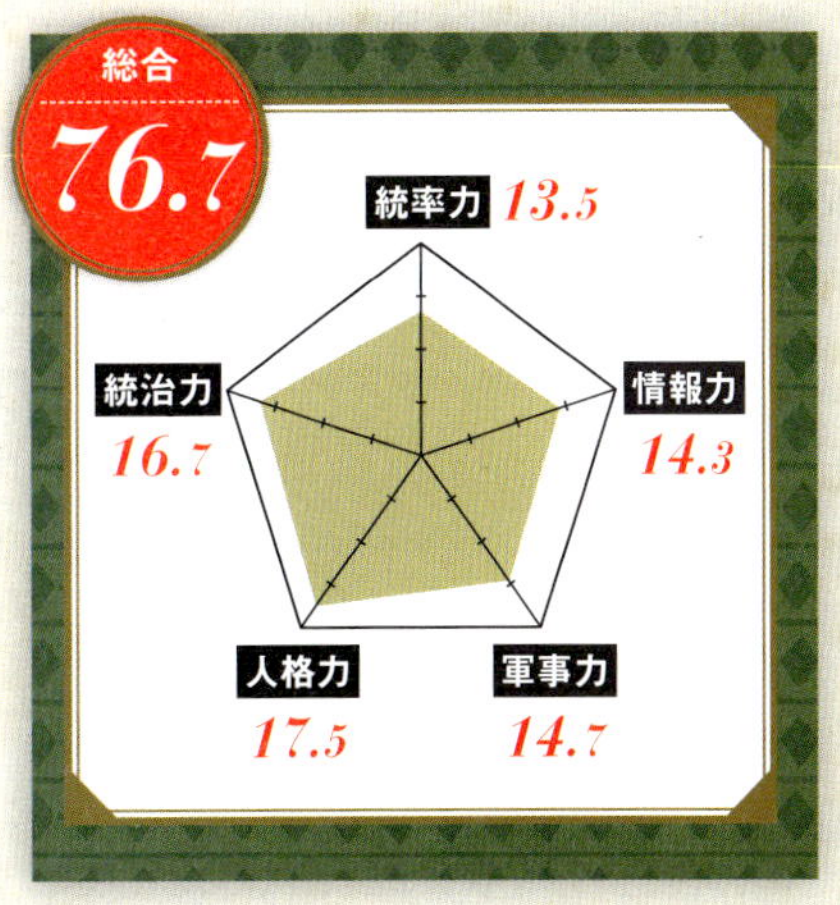

あくまで豊臣家に味方し
関ヶ原の戦いを呼んだ

上杉景勝は10歳のときに謙信の養子となり、直江兼続の助けもあって跡目争いに勝利、上杉家を継いだ。豊臣政権下では秀吉の信頼を得て朝鮮出兵などで活躍、伊達政宗の押さえとして会津に領地を与えられた。

秀吉の死後は五大老の一員として天下への野心を鮮明にする家康と激しく対立。景勝を討伐するために家康が大坂を離れたことが関ヶ原の戦いの呼び水となった。敗れたのちは米沢へ移封された。

画像提供：米沢市上杉博物館

第32位

柴田《しばた》勝家《かついえ》

生没年：1522〜1583年

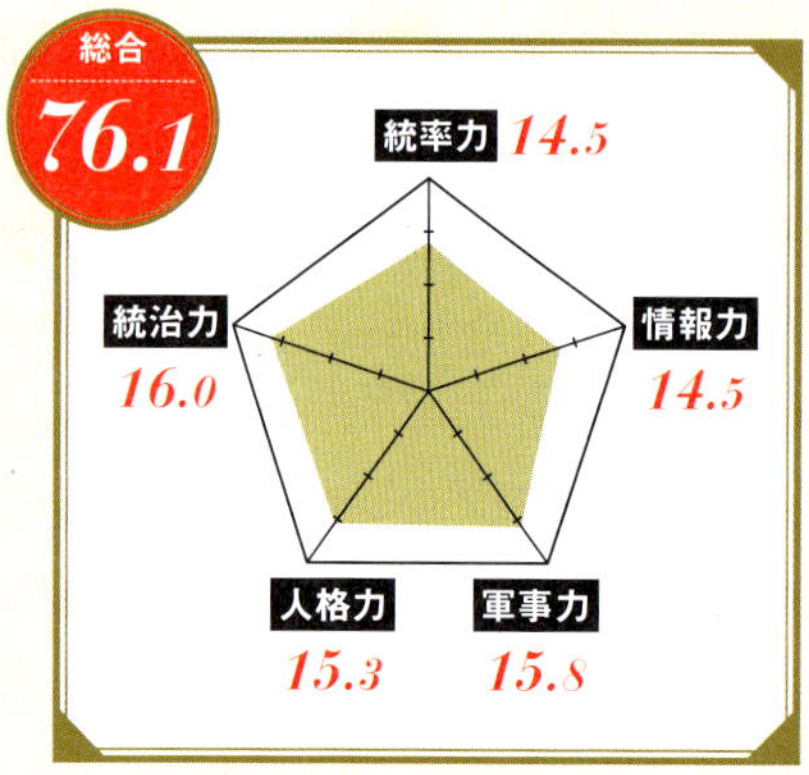

信長の覇業を武で支えた どこまでも不器用な男

織田信長の父・信秀の代から仕えた勇猛な武将であり、信長第一の家来として抜群の武功をあげた。北陸方面軍の司令官として本能寺の変を迎え、中国大返しを行った羽柴秀吉に後継者争いで出遅れてしまう。賤ヶ岳の戦いで敗れると、北ノ庄城で信長の妹で正室・お市の方と自害した。

第30位

黒田《くろだ》長政《ながまさ》

生没年：1568〜1623年

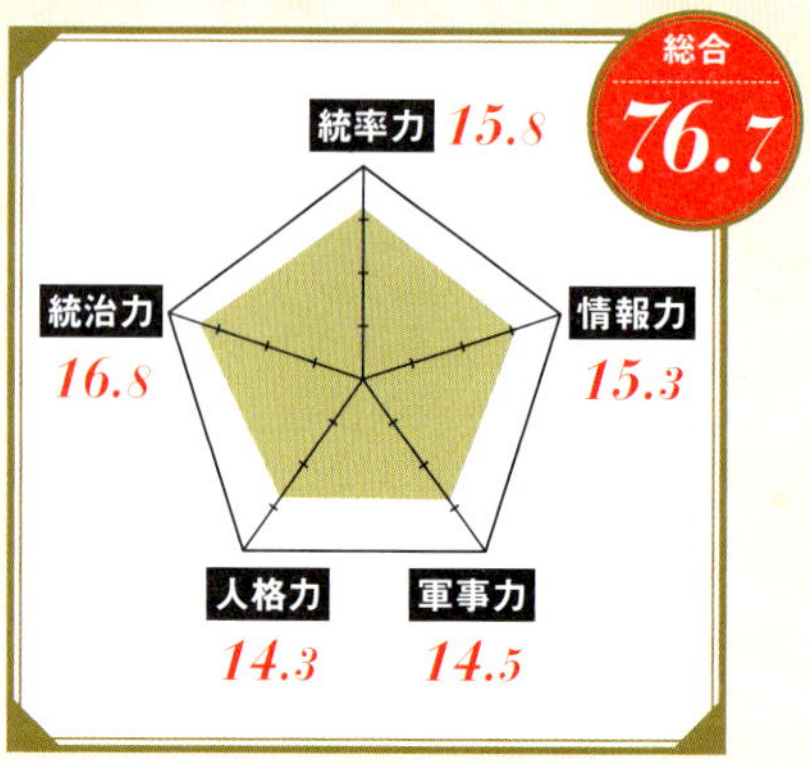

画像提供：東京大学史料編纂所所蔵模写

父譲りの謀略の才を持つ 関ヶ原勝利の一番手柄

黒田長政は豊臣秀吉の軍師・黒田官兵衛の嫡男である。父とともに秀吉を支えたが、家康とも親しく関ヶ原の戦いでは東軍の主力として活躍し、西軍の小早川秀秋を寝返らせるという大功をあげた。大坂夏の陣にも参陣し、福岡藩の祖として生涯を終えた。

画像提供：東京大学史料編纂所所蔵模写

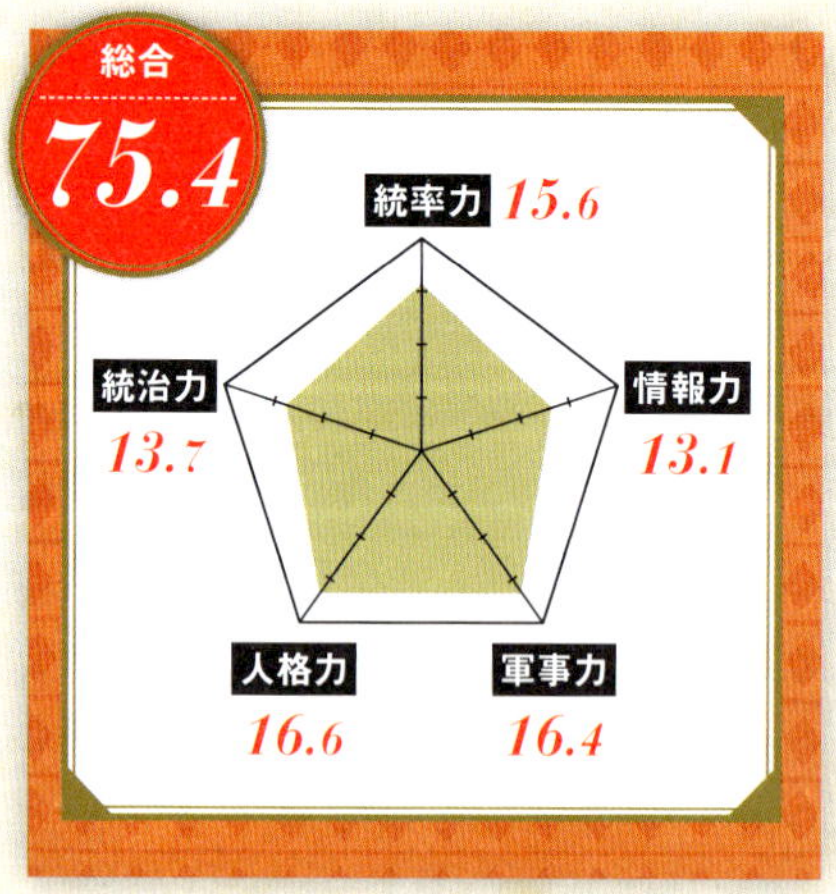

第33位

「家康に過ぎたるもの」とうたわれた

本多《ほんだ》忠勝《ただかつ》

生没年：1548〜1610年

生涯で57回戦ったが無傷 徳川家を支えた最強の武神

「徳川四天王」のひとりである本多忠勝は家康より６歳年下で幼少のころから主君の側にあった。抜群の武勇を持ち、徳川家のため生涯で57度戦場に立ったが、かすり傷ひとつ負わなかったという。

家康が武田信玄に追い詰められた三方原の戦いでは殿《しんがり》をつとめ主君を戦場から逃し、「家康にはもったいない」と絶賛された。猛将として知られるが、意外にも調略にも長け関ヶ原の戦いでは西軍の大名の調略もこなしている。

第33位

明智光秀《あけち みつひで》

信長の覇業を阻んだのは股肱《ここう》の家臣だった

生没年：不明〜1582年

画像提供：東京大学史料編纂所所蔵模写

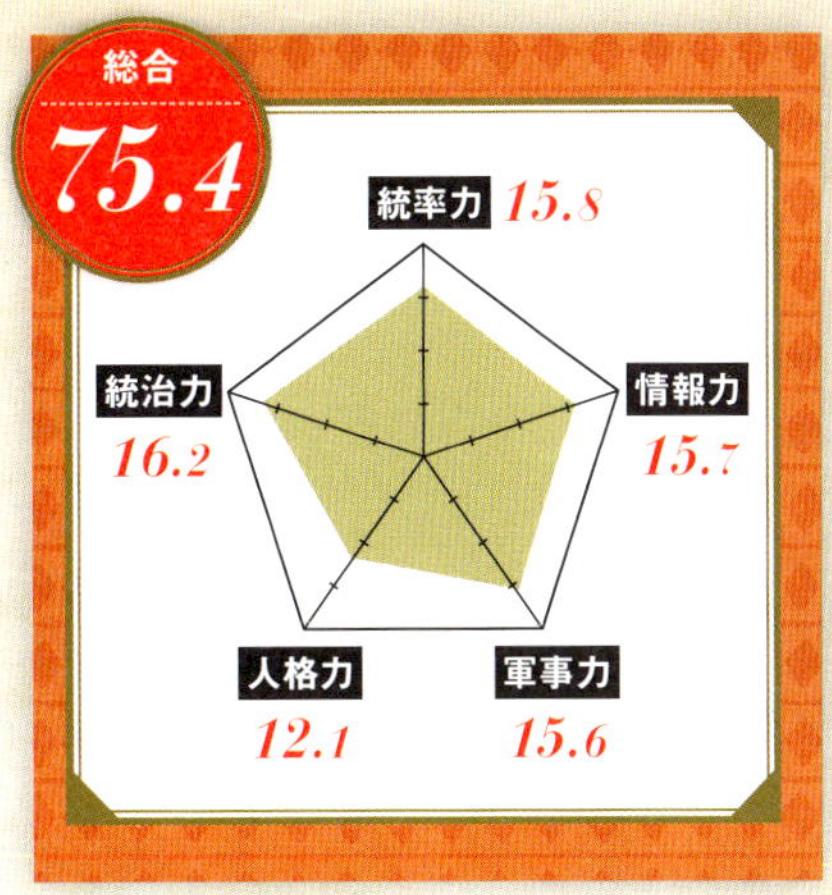

秀吉以上の出世スピード 光秀の心中に一体何が?

本能寺の変を引き起こした明智光秀は美濃の名門・土岐家の支流・明智家の出身。斎藤家、朝倉家に次いで織田信長の家臣となり、文武両面で活躍し異例の早さで出世を遂げる。

ところが中国攻めをしていた豊臣秀吉の加勢を命じられると、任地ではなく信長の宿泊地である京の本能寺に軍を差し向け、主君を討ち取ってしまった。その動機はいまなお謎のままである。その後は山崎の戦いで秀吉に敗れ、敗死した。

画像提供：上田市立博物館

第36位

真田幸村

さなだ ゆきむら

生没年：1567〜1615年

家康に自害を覚悟させた「日の本一のつわもの」

幸村という名前は後世に広まったもので本名は信繁という。父・真田昌幸のもとで徳川家の大軍を退けるものの関ヶ原の戦い後に九度山に流罪となる。豊臣家に請われて入城すると大坂冬の陣で大活躍し、翌年の大坂夏の陣では徳川家康をあと一歩のところまで追い詰めた。

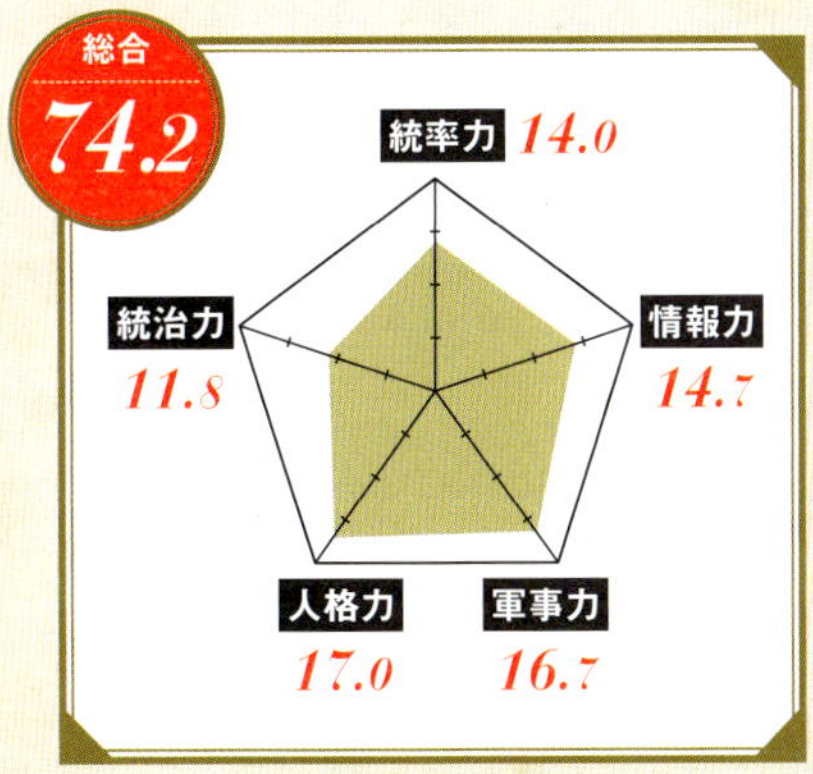

第35位

池田輝政

いけだ てるまさ

生没年：1564〜1613年

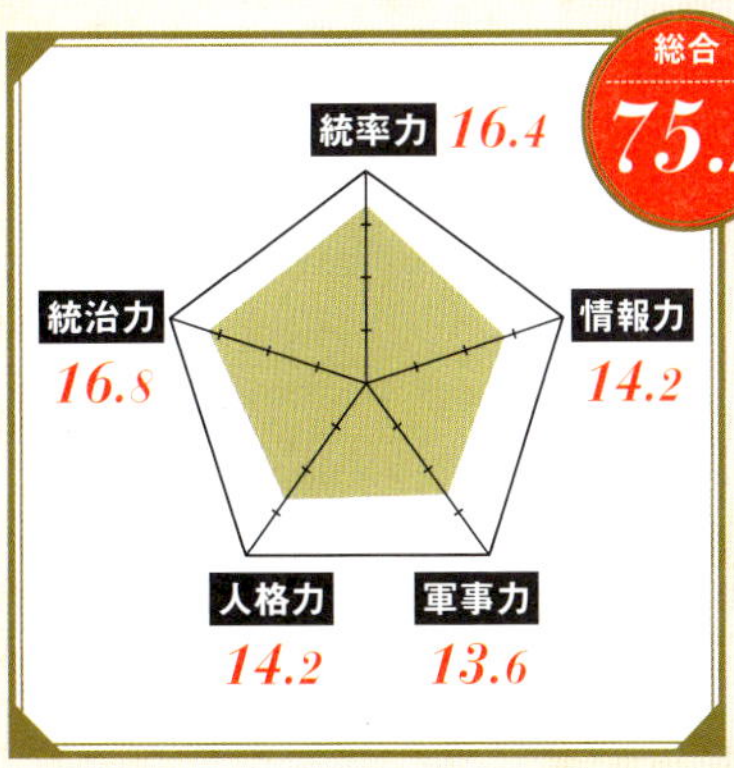

画像提供：東京大学史料編纂所所蔵模写

父と兄の戦死を乗り越え 52万の所領を手にした

池田輝政は織田信長に仕えた勇将・恒興の次男として生まれた。信長の死後、恒興は大垣12万石の大名となる。ところが小牧・長久手の戦いで父と兄が戦死。家督が転がり込んできた輝政は、徳川家康の娘を妻として舅《しゅうと》のために尽くし、姫路の52万石の大領を手にした。

第38位

画像提供：東京大学史料編纂所所蔵模写

石田三成《いしだ みつなり》

生没年：1560～1600年

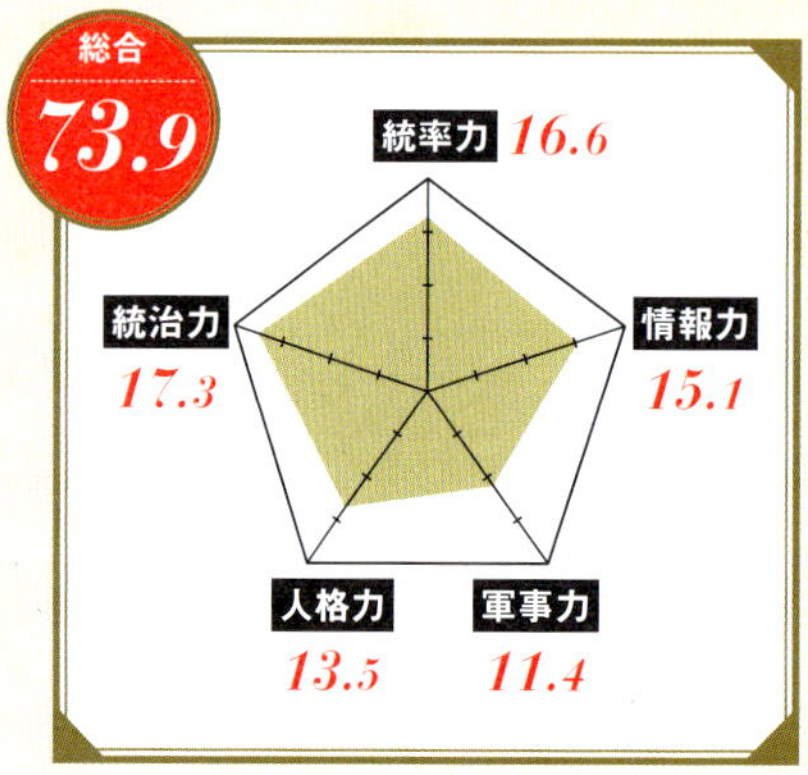

秀吉に見出された秀才 関ヶ原で惜しくも敗れる

石田三成は豊臣秀吉に才を評価され臣下となった。戦は不得手だが、官僚としては優秀で、秀吉の合戦の手配や検地など豊臣政権に無くてはならない武将となった。主君の死後は遺児・秀頼を守るために各地の勢力と呼応して挙兵、関ヶ原の戦いで奮戦したものの、内応者の出現で敗北して処刑された。

第37位

藤堂高虎《とうどう たかとら》

生没年：1556～1630年

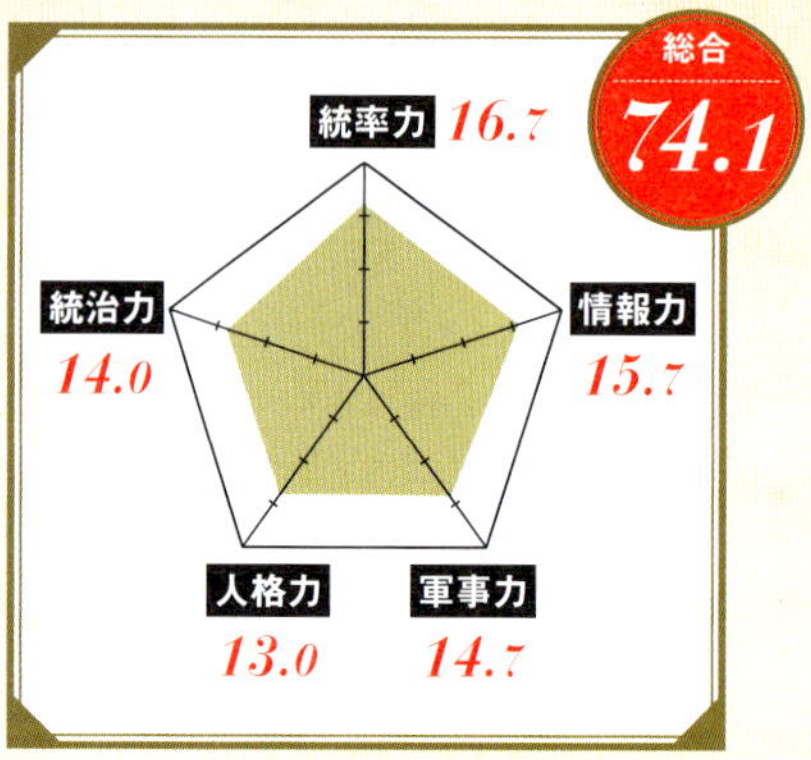

画像提供：東京大学史料編纂所所蔵模写

有言実行の壮絶な世渡り 最後は伊勢と伊賀を領有

知勇に長けた武将として知られた藤堂高虎は近江の出身。「武士は七度主君を変えるくらいがちょうどよい」と語っていたが、実際は11回以上、主を変えている。しかし最後に仕官して力を尽くした徳川家が見事に天下を統一し、高虎は伊勢、伊賀に領地22万石を与えられた。

第40位

島左近《しま さこん》

生没年：1540～1600年

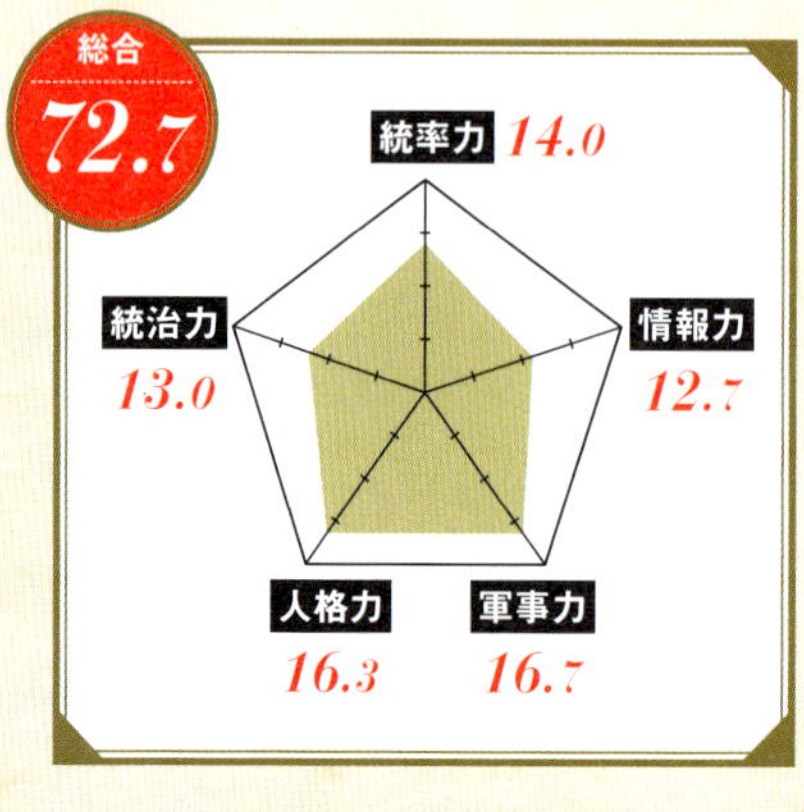

三成に過ぎたるものと 言われた家中一の勇将

島左近の諱《いみな》は清興といって、大和国出身の武将である。石田三成が所領を得て間もないころ、破格の知行で召し抱えたことで知られる。その恩義に報いるべく関ヶ原の戦いでは最前線で奮戦したが、黒田家の狙撃部隊の餌食となり、乱戦のなか消息不明となってしまった。

第39位

井伊直政《いい なおまさ》

生没年：1561～1602年

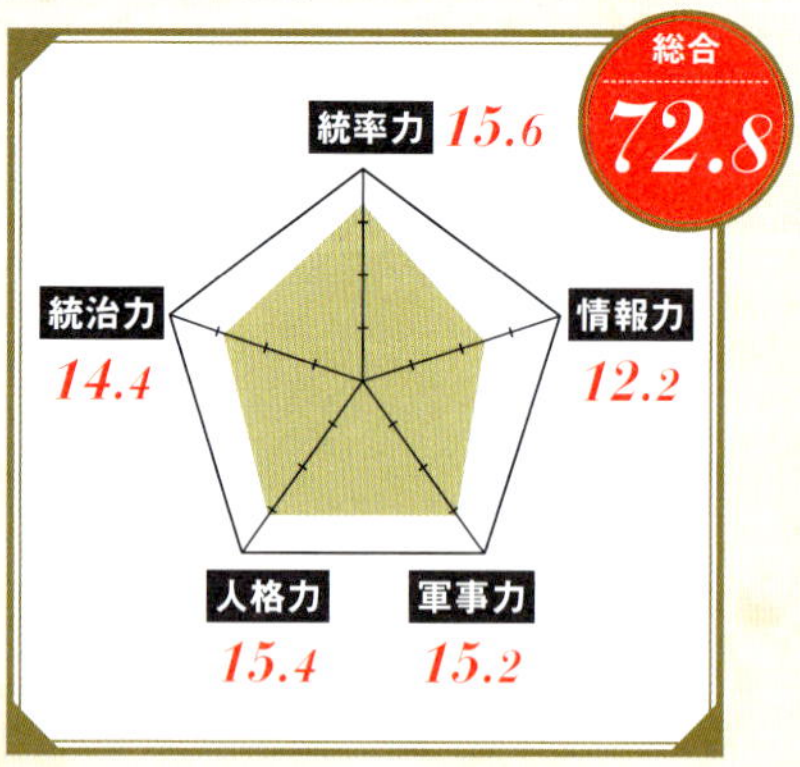

画像提供：東京大学史料編纂所所蔵模写

武田家から受け継いだ 赤備えで戦場を疾駆した

「徳川四天王」のひとり、井伊直政は今川家の家臣の子として生まれたが、早くに父を亡くしたため男勝りの叔母・井伊直虎に庇護された。家康に仕えてからは各地を転戦、武田家の精鋭部隊「赤備え」を受け継ぎ活躍したが、関ヶ原の戦いでの傷がもとで死去した。

第42位 佐竹義重《さたけ よししげ》

生没年：1547〜1612年

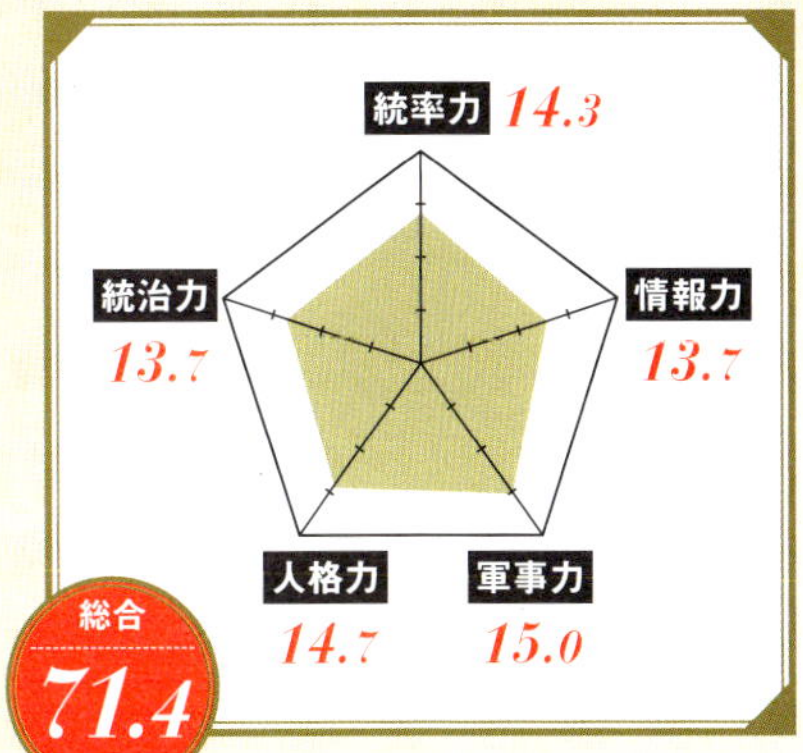

政宗を負かした「鬼義重」北関東の雄として君臨

16歳で常陸《ひたち》の佐竹家の家督を継いだ義重は周辺勢力を次々と切り取り、所領を拡大。奥州の支配をめぐり伊達政宗と争い、人取橋の戦いではあと一歩のところまで追い詰めたものの逃がし、二度目の摺上原《すりあげはら》の戦いでは大敗を喫した。豊臣秀吉の臣下となり所領を安堵され、佐竹家は江戸時代も大名として存続した。

第41位 大友宗麟《おおとも そうりん》

生没年：1530〜1587年

画像提供：瑞峯院・東京大学史料編纂所所蔵模写

海外文化を深く愛したキリシタン大名の先がけ

宗麟の大友家は九州・豊後の戦国大名。21歳のときに跡目争いに参戦し、優れた家臣団の助けもあって勝利した。所領を広げ九州6ヶ国の大勢力となったが、島津家に敗れ衰退した。貿易を通じて西洋文化に刺激され、自らもキリスト教に改宗したことで有名。

第44位 毛利輝元《もうり てるもと》

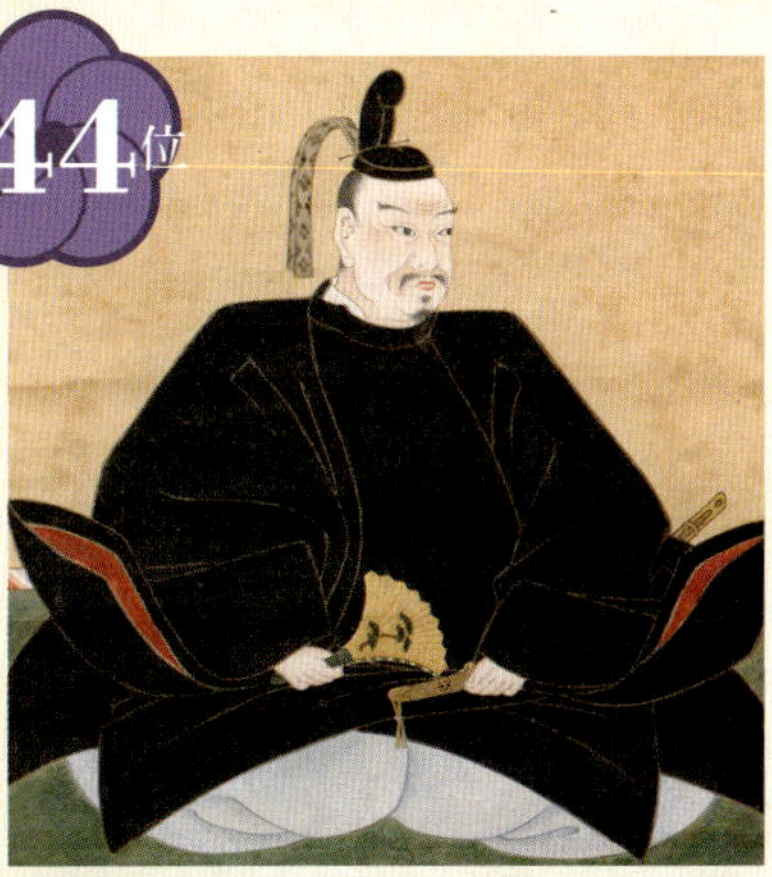

画像提供：東京大学史料編纂所所蔵模写

生没年：1553〜1625年

関ヶ原での西軍総大将両川の支えで家勢を保つ

毛利元就の嫡男・隆元の子で、元就の孫。隆元が戦死したため幼くして家督を継承。「毛利両川《りょうせん》」と呼ばれたふたりの叔父吉川元春、小早川隆景の助けで広大な中国地方を治めた。関ヶ原の戦いでは西軍の総大将になるが大坂から動かず、吉川広家が徳川家康に内応していたおかげで改易を免れている。

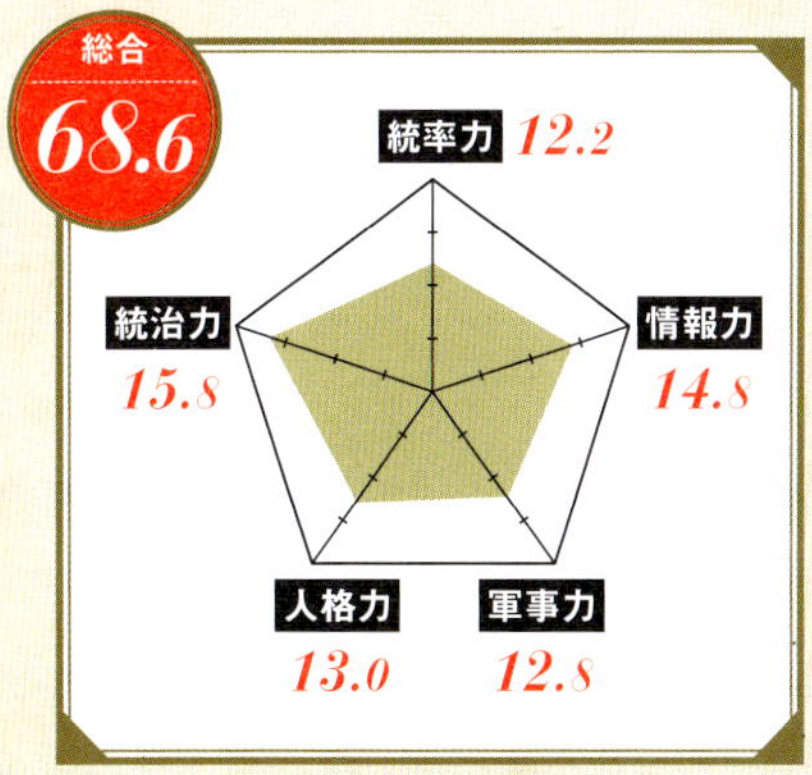

第43位 高橋紹運《たかはし じょううん》

生没年：1548〜1586年

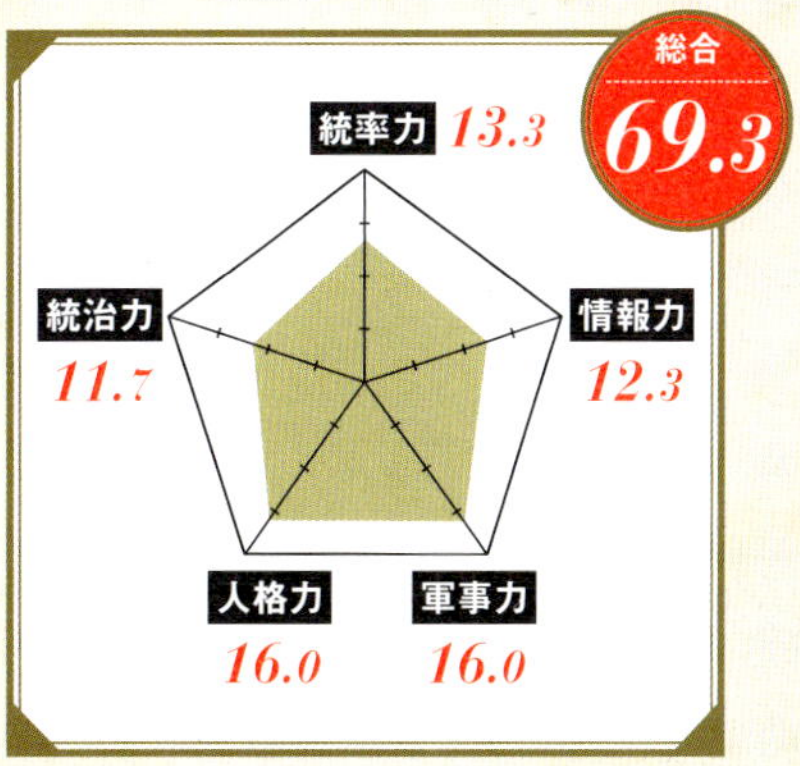

壮絶な戦いの末に散った宗麟配下きっての名将

高橋紹運は豊後・大友家の家臣として生を受け、14歳の若さで戦場に立った。同じく宗麟配下の立花道雪と双璧を成す家中の柱として大友家を支えたが、島津家の台頭によって主家は衰退。道雪も病死してしまったが、あくまで抵抗を続け、岩屋城で戦死を遂げた。

第45位

吉川《きっかわ》元春《もとはる》

中国平定に尽力した毛利家きっての戦上手

生没年：1530～1586年

画像提供：東京大学史料編纂所所蔵模写

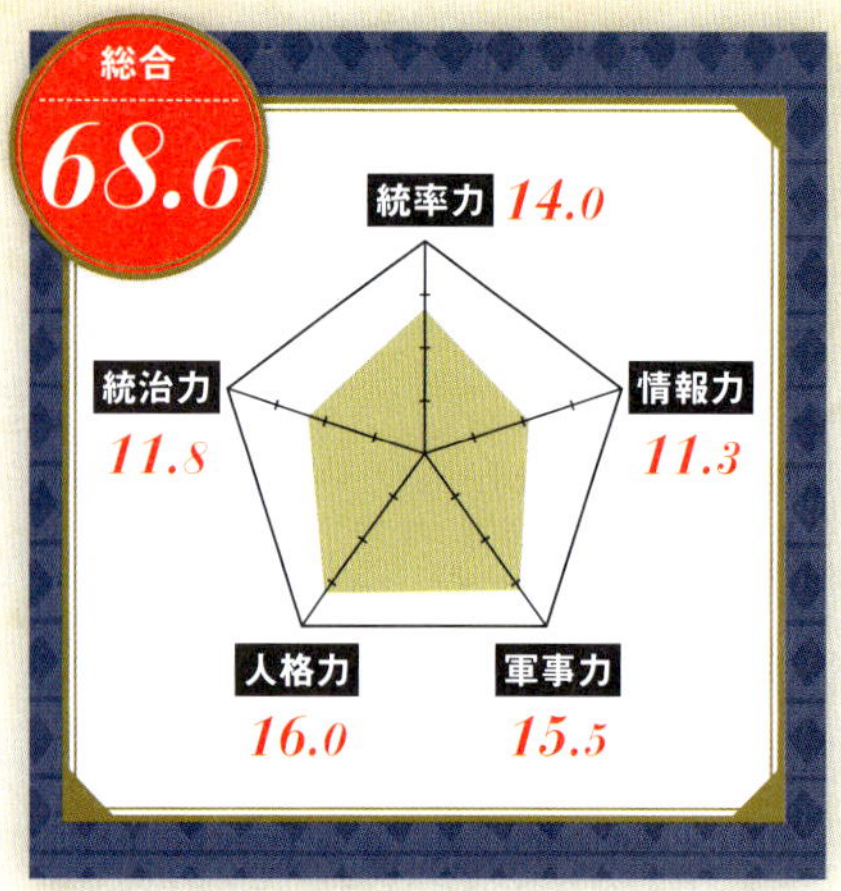

「毛利両川」のひとりとして本家を盛り立てた猛将

小早川隆景と並ぶ「毛利両川」のひとりで、元就の次男。養子となった吉川家を継いで本家を支えた。元服前の12歳で初陣を果たし、生涯無敗を誇っている。実直な兄・隆元、冷静沈着な弟・隆景とも違い、毛利家には珍しい直情径行型の猛将であり武勇で貢献した。

織田家を掌握した羽柴秀吉と毛利氏が和睦すると家督を嫡男・元長に譲り隠居。だが、秀吉に乞われて九州征伐に加わったが、最中に病死した。

第46位

九鬼《くき》嘉隆《よしたか》

生没年：1542～1600年

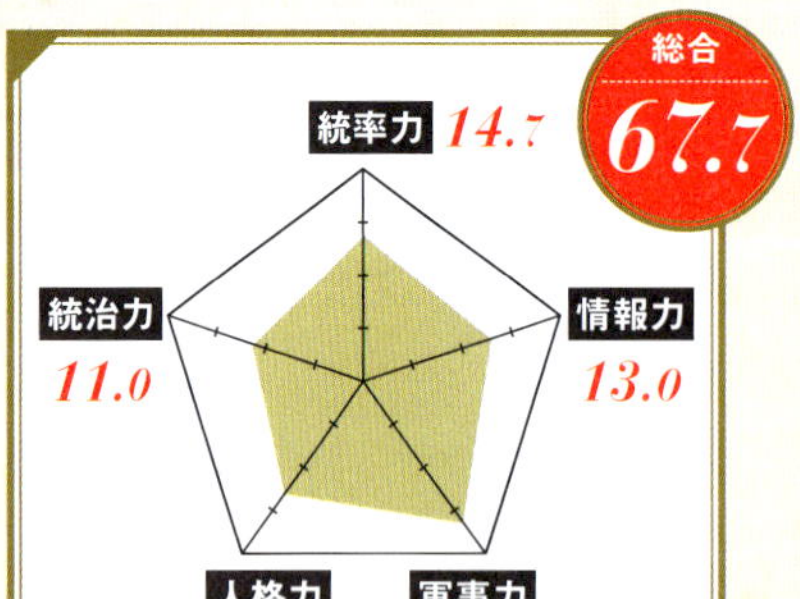

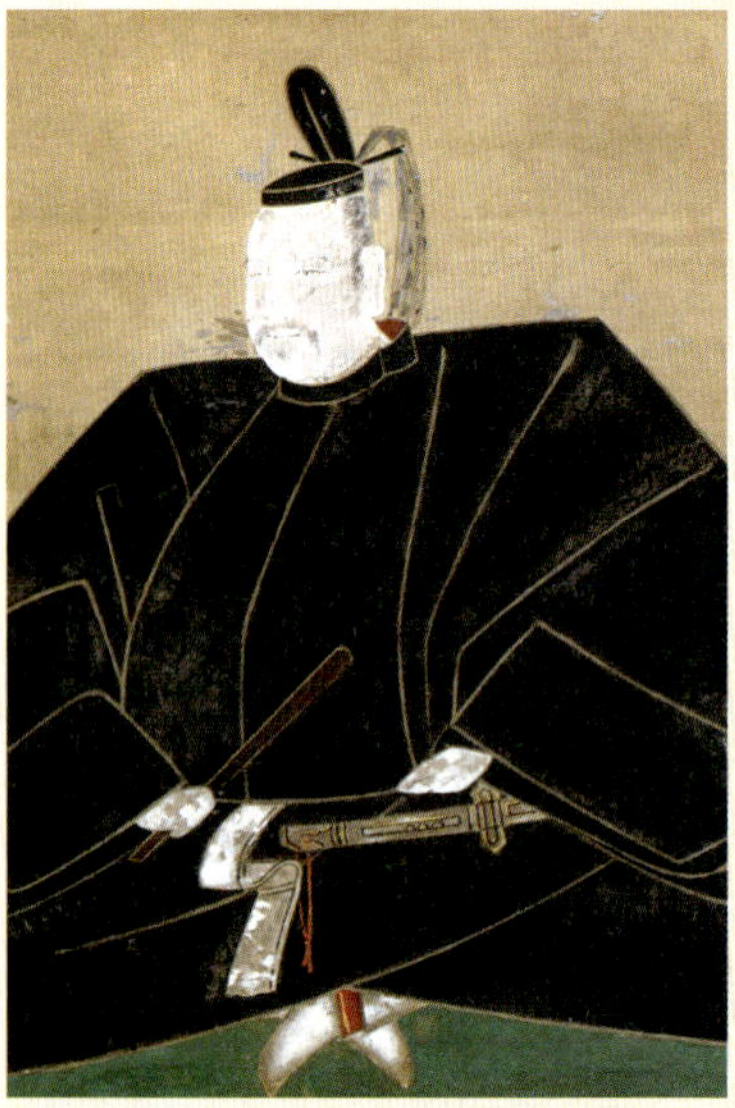

画像提供：東京大学史料編纂所所蔵模写

水軍を率いて信長に従い最強毛利水軍を撃破する

海賊大名とも呼ばれた九鬼嘉隆は、志摩の出身。織田家に仕えると伊勢攻めで活躍し信長から絶大な信頼を得る。ところが毛利家の村上水軍の火攻めに苦戦を強いられ、窮余の策として燃えない船・鉄甲船を考案。見事に打ち破り、信長の死後も大名として存続した。

第47位

荒木《あらき》村重《むらしげ》

生没年：1535～1586年

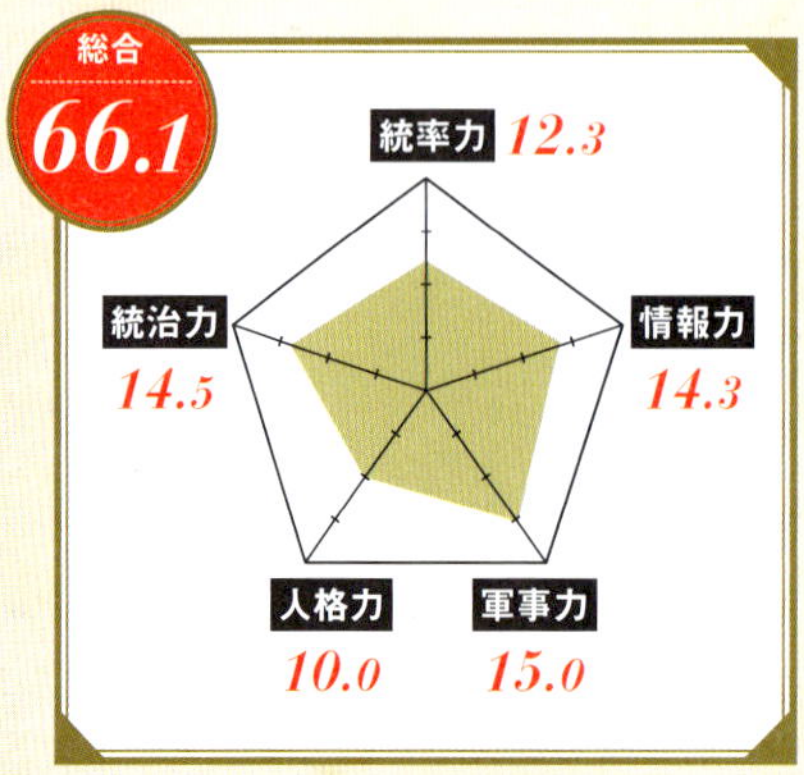

信長に才能を見出されるが謎の裏切りと突然の逃亡

摂津の人。織田家に臣従する池田家の家臣だったが信長の引き抜きで織田家中に加わる。数々の戦で武功を立て、ついには摂津一国を任されるなど、絶大な信頼を得た。ところが突如裏切り、黒田官兵衛の説得も聞かず摂津・有岡城に籠城する。やがて妻子を捨て逃亡。後に茶人となり京に住んだ。

第49位 高山右近《たかやま うこん》

生没年：1552～1615年

幕府に棄教を迫られるも改宗に応じず国外追放

千利休の門人、利休七哲のひとりとしても知られるキリシタン大名。洗礼名はジュスト。荒木村重のもとで摂津・高槻城主となるが、村重が織田信長に叛旗を翻すと離反して信長に仕えた。秀吉のバテレン追放令で領地・財産を捨て、江戸幕府のキリシタン禁教令にも従わずマニラに追放。現地で病死した。

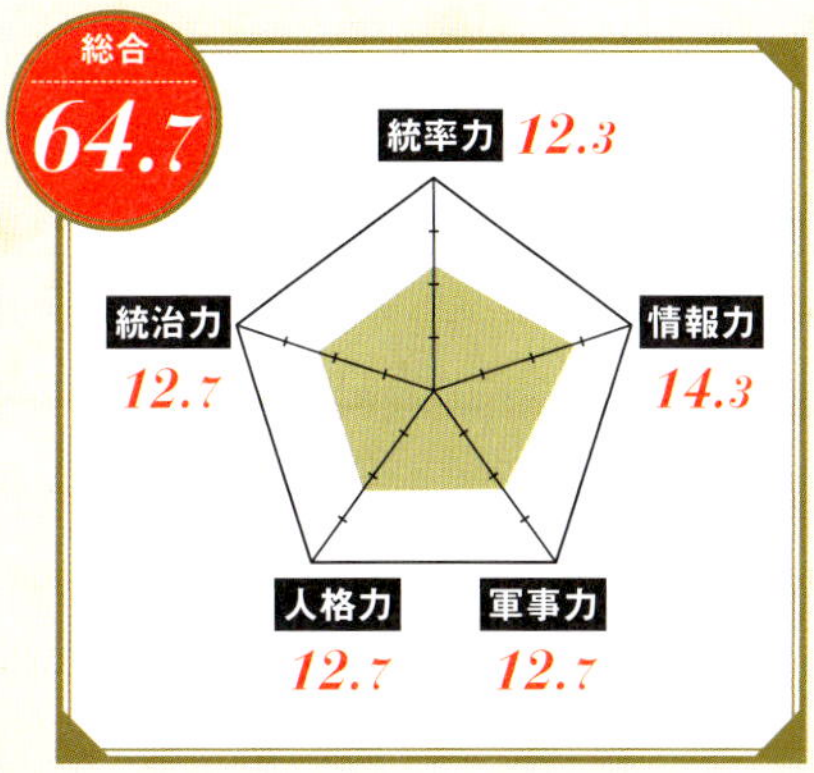

第48位 宇喜多秀家《うきた ひでいえ》

生没年：1572～1655年

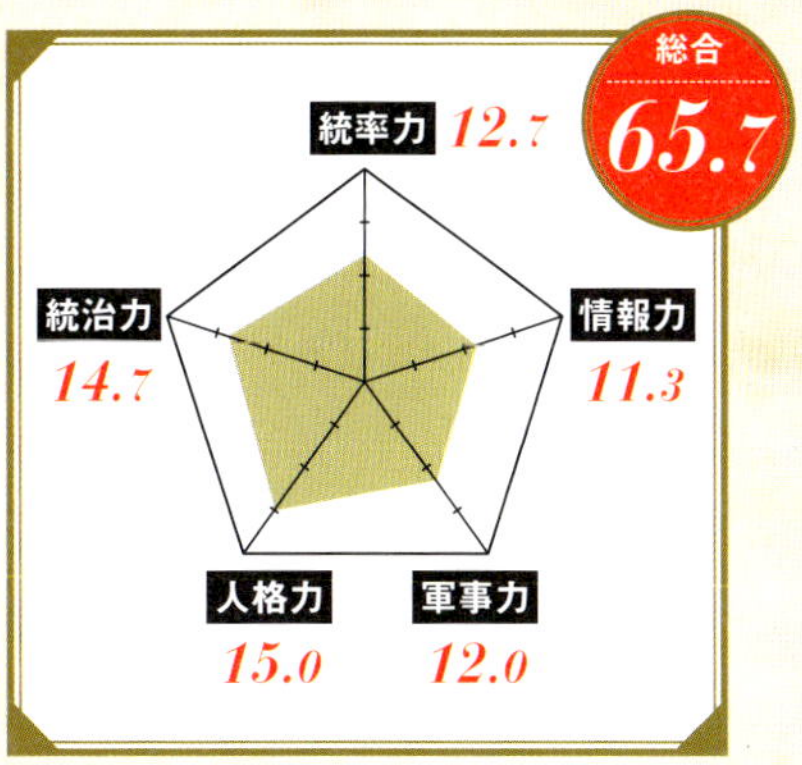

画像提供：岡山城天守閣

秀吉に愛された実直な男 容姿端麗な美丈夫だった

戦国時代を代表する謀将・宇喜多直家の子として生まれるが、父に似ず秀家は実直な人物だった。織田信長に次いで豊臣秀吉に仕え、その養女を娶って一門衆に。関ヶ原の戦いでは豊臣家を守るため福島正則と激闘を繰り広げるが敗れ、八丈島に流罪となり、84歳まで生きた。

独断で

本郷先生が選んだ戦国武将ベスト3

1位	京極高次
2位	本多正信
3位	松永久秀

好きな武将の第１位は京極高次かな。あのヘタレっぷりがなんともね。昔は、槍働きで突撃していく、カッコイイ人がいいと思ったんだけど、だんだんと年を取り自分が弱い人間だということが分かってくると、人間味溢れた人に引きつけられる。関ヶ原の戦いで、あともう一日頑張れなかった高次のトホホぶりがいいよね。

第２位は、戦国武将の中で、生き方として好きな本多正信かな。生涯、１万2000石という目立たない人生。誰もが「あー分かる分かる」って共感できる人生がたまらない。どうもバリバリやってる奴ってそんなに興味がない。

第３位は、僕が好きというとカッコ良すぎるけど松永弾正。ドぎたない生き方がいいなあ。

京極高次

画像提供：東京大学史料編纂所所蔵模写

第50位 池田恒興《いけだ つねおき》

生没年：1536～1584年

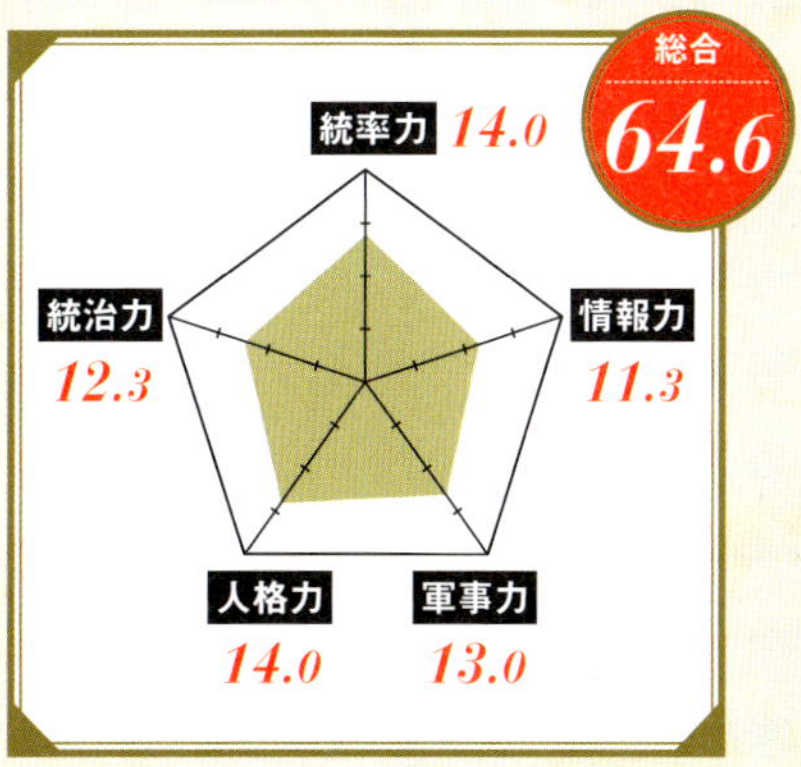

画像提供：東京大学史料編纂所所蔵模写

信長のほとんどの戦に従軍 その死後にまさかの戦死

池田恒興は織田信長の乳母・養徳院の息子。乳兄弟の信長に従って、あらゆる合戦に従軍し功績をあげた。信長の死後は豊臣秀吉とともに明智光秀を討って仇を討ち、やがて13万石の大名となった。ところが小牧・長久手の戦いで徳川家康に敗れ、あえなく戦死した。

監修者　本郷和人(ほんごう かずと)
昭和35年(1960)生まれ。東京大学史料編纂所教授。東京大学・同大学院で日本中世史を学ぶ。著書に『中世朝廷訴訟の研究』『戦国夜話』など多数。NHK大河ドラマ『平清盛』の時代考証も担当した。AKB48の熱心なファンとしても知られている。

編集協力　オフィス五稜郭　湯原浩司
執筆　須本浩史
村上菜々
吉本竜太郎
湯原浩司

装丁・本文デザイン　藤居雪子(i'll Products)

イラスト　長野 剛
CG制作　成瀬京司
地図・写真　オフィス五稜郭
写真協力　東京大学史料編纂所
長野市立博物館
豊明市教育委員会
上田市立博物館
廿日市市宮島歴史民俗資料館
相国寺
養源院
南明院
長興寺
東福寺霊源院
瑞峯院
愛知県図書館
関ケ原町歴史民俗資料館
犬山城白帝文庫
大阪城天守閣
長浜市長浜城歴史博物館
岡山県立図書館
米沢市上杉博物館
小田原城天守閣
尚古集成館
岡山城天守閣
国立国会図書館

戦国武将
ナンバーワン決定戦

2016年12月24日　第1刷発行
2020年 6 月22日　第5刷発行

監修　本郷和人
発行人　蓮見清一
発行所　株式会社宝島社
〒102-8388
東京都千代田区一番町25番地
03-3234-4621(営業)
03-3239-0928(編集)
https://tkj.jp
印刷・製本　株式会社光邦

ISBN978-4-8002-6313-1